稼ぐ技術！

なぜ、儲からないと言われる仕事ほど儲かるのか

吉松良平 著

セルバ出版

はじめに

本書は、自分と同じく非優等生だった方やこれから独立したい方、年商3億を目指す社長、下請体質を変えたい、誇りある仕事をするため直販化したい技術職の方に少しでも役に立てればという思いで、直販比率99％以上で飛込営業一切なし＆営業マン不要＆商談不要という業界では異質なスタイルで10年以上実戦し効果が実証済みのノウハウを公開させていただきました。

そして、過去３ｋ職種といわれた業界をカッコイイ・稼げる・家族に誇れる「新しい３ｋ」といわれる職業にしたい！

また、「新しい３ｋと言われる職種を全国に創る」きっかけの本になればと不慣れな文章を書きあげました。

私の周りでは知人の職人が過去3名亡くなっております。

尊敬していた先輩職人と電話で長話をし、また会う約束をした2日後、屋根先での作業中に頭からブロック塀の上に落下し即死と連絡が入る。

現実味がなかった葬儀中、奥様に抱っこされていた生後間もない子供が泣きだし…。

遺影の中では笑顔の先輩職人…13年近く経つ今も忘れられません。

また、両足粉砕骨折した職人、爪が薬剤で壊死して生えなくなった職人、元請けの理不尽な要求に鬱やパニック症候群になった職人、家族を養うためせっかく培った技術を捨てて転職する職人…。

かくいう私も若い頃2階屋根から落下し、1階屋根先の横雨樋で足が引っ掛かって運よく止まることができて命拾いした経験があります。

さらには、独立して2年後経営難から家族を置いてこの世から逃げようともしました。

しかし、このような事例というのは、技術職といわれる業界、過去3kといわれた業界では、悲しいことに形は違っても特別なことではないような気がします。

こうした、悲しい事故は、業界の安全対策に対する当たり前のレベルが向上し、念のため、さらには万が一のことまで考えて仕事に向き合っていることをカッコイイと思うことが、当たり前になっていれば防げたのではないか？

また、経営難からくる悲しい結果は、業界経営者の社長力・経営力・金融知識や視野が広がれば防げるのではないか？

さらには、下請けが一般的な業界で元請けの理不尽な要求から発生する悲しい結果も、下請けだから我慢する・従うが普通でなく、直販も行えれば今まで以上に納得できる仕事を提供し、理不尽な仕事を断っても家族や社員を養えるだけの稼ぐ技術を持つことが当たり前になることで防げるのではないか？

家族にも誇れる経営を行う技術職の社長・経営者が増え、新しい3k職種が増え、子供たちが昔みたいに職人に憧れる時代への微力ながらきっかけになればという思いで実戦済みノウハウを公開させていただきました。

正直、原稿を書き上げた段階で社内ではノウハウや仕組みを公開しすぎではないか！　という意見も出ました。

しかし、せっかく出版させていただくからには、お金を出して購入していただく方に出し惜しみは失礼であり、少しでも本書を読んで良かったと思っていただける確率を上げるため、今現在の公開できる範囲で、出し惜しみせず執筆させていただき、各ツール等も写真つきで公開させていただきました。

数ある本の中から、本書を手に取り購入いただき、さらにはお読みいただいた読者の方で、もし少しでも役に立つと思われた方は、ぜひ知人の技術職や技能職の方にも本書をプレゼントしていただけると嬉しいです。

平成29年3月

吉松　良平

稼ぐ技術！　―なぜ、儲からないと言われる仕事ほど儲かるのか　目次

第3章　躍進の秘訣に効果は実践済みでおすすめの強力なパクリ手法の「ＴＴＰＡ」

第4章　「普通」の社長像からの脱却!!　マイペース＆マイウエイ、そして普通じゃないことを意識

第5章　弱点や他社より劣っている箇所=やらないことにして強みに変える

第6章　「家族に誇れる仕事いたします」が経営理念

第7章　自社の存在は世間に必要か？　世間の誰に必要か？　そこからの答えで集客の仕組みづくり

第8章 〝喜ばせる〟⬇〝驚かせる〟⬇〝感動させる〟
感動評価のお客様が増えれば営業マン不要?!

おわりに

読者様感謝特典

第1章

「無理」な「理由」がわかれば可能になる

1　なにもかも中途半端&進学無理と言われた学生時代

小学3年の頃、母との会話の中で「あなたの妊娠がわかったとき、父の転職と重なりおろすかおろさないかの話し合いになったが、絶対に産むと言って譲らなかった…」、だから自分の命は大切にしなさいと言われました。

しかし、子供だった当時はなんと表現すればよいかわからない気持ちになり、

・この世に自分は存在しなかったかもしれない？
・存在しなければどうなっていた？
・何をするため生まれてきた？

など、色々考え込みましたが、子供なりに自然と生まれてきた痕跡を残したいと思って育ってきました。

その影響からか、1人ひとりが後世にまで名前を残している三国志等の戦国時代の歴史本が好きになり、戦略ゲームや将棋等にハマっていき、祖父とよく賭け将棋等もするようになります。

中学生になっても勉強より戦略ゲームや部活を優先し、ひたすら中華を何回も統一します。

当然成績も学年最下位周辺をキープ。

それでも母から言われた「あなたは、やればできる子」を鵜呑みにして必要が来ればやればいい

と過ごします。

中学3年の1学期、親も交えた進路相談の際、地元の高校は怖かったのと電車通学に憧れていたため地元外の希望校を伝えます。

すると担任より、「希望校への進学は無理です…学年で上位30％内位の子たちが受ける場所ですから、下位5％内の息子さんは無理です…」と親の前でハッキリと言われます。

今まではやってないだけ、やれば自分はできる子と思っていた私は、恥かしさより無理の連発に怒ります。

「成績さえあがれば可能ですよね？」

「希望校受けます」という私の横で、

「記念にお願いします」という母。

そこから中学1年の教科書を引っ張りだし、さらに進研ゼミを使って猛勉強です。伸び悩んだ最後の3か月だけ塾に通わせていただき、結果かろうじて希望高に合格。

そこでやはりやればできる子だと勘違いし、また必要になったときだけ勉強すればいい、今は勉強以外を優先しようと戦略ゲームや部活、遊びやバイト等を優先する高校生活を送ります。

当然学力テストはクラスで最下位。

その上部活も上級生が引退するまで参加禁止…。バイトも首寸前…何をとっても中途半端な学生でした。

2　自衛隊で一生懸命がカッコいいこと学ぶ

当然、大学進学等を考えるはずもなく選んだ就職先は戦略ゲームの影響か陸上自衛隊へ。

入隊すると、勿論今までと環境がガラッと変わり、当時は2段ベッドで10人部屋、整理整頓の徹底、ご飯も風呂も団体行動、裁縫やアイロンかけに靴磨きまでとにかく厳しく、今までみたいに横着なことを行えば連帯責任で同期に迷惑がかかる環境になりました。

学生のときは横着なほうがカッコいい（笑）と思っていた痛い考えが、仕事（訓練）に横着な姿勢で臨むのはカッコ悪い！

逆に真剣にストイックに一生懸命取り組んで結果を出すほうがカッコいいと思うようになり、この環境の変化＋元々興味がある分野だけでは負けず嫌いな性格も相乗して、仕事に関しては自主練や勉強も行うようになります。

すると、成長できた・できてないと結果に反映され、悔しかったり嬉しかったりすることで、さらに仕事にのめり込む。…真剣に取組み一生懸命向き合えば仕事でも面白くなる、またそんな姿はカッコイイと思わされた職場でした。

3　不景気だから止めろと言われる中の転職 ―飛び込んだ転職先は酷い業界⁉

射撃検定1級、体力検定1級、屈腕懸垂種目教育隊1位、後期教育隊最優秀隊員賞受賞と過去得たことのない1位や最優秀等の嬉しい結果を得られ自分に自信も出てきます。

ただ、当然ながら普段自衛隊の仕事はあくまでも実戦ではなく訓練です（実戦はないことを願っています）。生まれてきた痕跡を残したい、スリルや刺激を感じるときは生きている実感がある、この日本で実戦…平和的な戦場…やはり起業しよう‼

起業するためには営業力も養うべきだと思い立ち、休日営業職の面接廻りに行きます。

「立つ鳥跡を濁さず」を意識し、任期退役の事前相談をすると、上官からは平成不況と言われる今ではなくて景気が良くなってからのほうが…と真剣に止めていただきます。

しかし「不景気で通用しないと意味がない‼　考えは変わらない‼」とお尻をつねられながらも答える頑固な私に、最終的には「やっぱり駄目でしたじゃ許さんぞ‼」と上官も同期たちも応援して送り出してくれました。

意気揚々と飛び込んだ内定先は、建物の外装塗装や防水工事をメインとするリフォーム会社。入社初日からトップ営業の方に数日研修同行し、1週間もしない内に1人で営業廻りが始まります。

当時、口下手な新人が持たされた武器は名刺とチラシ、後は簡単なパンフ1種類のみ。…見積り案件をいただくため、店舗・会社・戸建てをひたすら飛込みし営業して廻ります。

日中は面談目標が100件、夜は電話案内目標100件。

知識も乏しく口下手な新人、契約は勿論「無料」の見積りさえいただけないまま、3週間経つ。前職で得た自信がなくなっていきます。

失敗したか？　前職に戻れるか？　落ち込んで公園で座る手には、前職の同期たちが見送りの際プレゼントしてくれた営業バック…。

「3年後には起業する」と公言して出てきたからには有言実行にしないとカッコがつかない!!

知識が乏しいならと営業や建物関連の本を読み漁り、口下手ならとトップ営業の方にボイスレコーダーで録音させていただきひたすら丸暗記、寝言でも復唱するぐらい暗記していました。できない理由を一個ずつ改善していくと、見積りの案件をいただけるようになり、その中から有難いことに契約依頼までいただけるようになりました。入社4か月で月間営業成績1位を獲得、次第に周りに気を配る余裕ができてきました。

すると、前職との激しいギャップに、なんて酷い環境で酷い業界なのだと思うようになります。前職は仕事に必要な装備が十分に支給され、その扱いに関しても教材（マニュアル）が充実。

さらには、研修も充実しマナー等も含む基本で3か月＋各専門分野に分かれて3か月、勿論任期満了時期以外で退職する方などは少ないという環境と比べると、仕事に必要な装備（営業グッズ）

余りにも低戦力で不十分な上に、研修やマニュアルなども明らかに不十分な状態で送り出されます。その結果、根性論ありきでひたすら飛込営業する毎日、当然結果が出せなければ辞めて行く営業マンが１人また１人と…１年経つ頃には古参になっていました。

現場は現場で、当時民間の現場は作業員さんたちのマナー、仕事に取り組む姿勢や服装、さらにはお客様からの印象等考えてないのではと思ってしまうほどの状況な上に、自衛隊との比較になってしまい、なんて酷い業界だと思います。

不名誉にも業界全体的にクレーム産業とも呼ばれるような業界でした。

4　酷い業界だからこそ１番になれるかも

お客様からも被害相談等を多く伺っているうちに、この業界ならお客様の求めていることを実践すれば少なくとも地域１番店になれるのでは⁉　さらに基本は体が資本で独立資金が少なくて済むのでは…。

そこで次は現場を学ぼうと考え、塗装会社へ転職。

転職先は、民間工事を主とする小さな塗装会社でリフォーム会社さん等から仕事をいただく下請仕事と、当時では珍しいお客様から直接仕事をいただくため、営業活動も行っていました。

親方から理由を伺うと、過去ＴＶＣＭも流していた大手リフォーム会社の下請工事で、高額な未払いを受けたことがきっかけだとか…。そのような親方の元、文字通り人の2倍位働きながら現場・営業・現場管理と小さい会社だからこそトータルに学ばせていただきながら、自分が社長だったらという視点から色々と提案していくようになります。

5 職人への制服統一やマナー教育は無理？

まずお客様の職人＝怖いという印象を改善するため、現場制服を統一しましょうと親方に提案。すると「無理×2!! 皆が着るはずがないし！ 現場制服にお金は出せない!!」と無理と言いながらも理由を教えてくれます。

それなら、私が自腹で皆が着る制服をつくることの許可をいただく。そして皆が着たい作業着のアンケートを取り皆に決定してもらい、着用条件で無償提供。当然ですが、皆着ていただけるようになりました。他にもこの手法で集客広告やチラシ等も試していきます。

6 無理の嵐の中、金なしコネなし23歳の独立

少し自信がでてくると、公言してきた独立目標の23歳初夏、親方から技術協力をいただくこととノレン分けという形で独立を許可してもらいます。外装の塗替えに絞った直売の塗装屋として独立

することで決意します。

そのことを親族には相談ではなく独立後頼るつもりは一切ないからと報告だけを行い、少しでも開業後のヒントを貰えればと商工会の創業相談へも行くと、「若いから無理…」「塗装屋は下請けしないと無理…」と、家族からも周囲からも反対と無理の嵐の中１３０万円を元手に開業します。

開業初年度、４か月で９８０万円、翌年度約２４００万円、３期目半年で２０００万円と売上が面白いように伸び社員も一気に7名に増やし、株式会社へ法人化。

どうだ!!　という気持ちと共に「社長！　凄いですね～」と言われることに快感を得、勘違いした若い生意気な社長ができあがりました。

7　もう無理…人生ここまでか

売上は伸び続けると、勘違いした実力の伴わない若い生意気な社長が率いる社内では、社員間の喧嘩や資材や材料の横流し、パチンコ新装開店の日は風邪を引いて休まれたり、勝手に現場から早退していたり…色々と売上や利益を生まない、むしろ損害を与える余計なトラブルが増えます。

そのようなことに時間を割いて対応していると、当然売上も急激に落ち始めます。

現場が少なくなると、社員を遊ばせないため、さらにはとにかく売上欲しさに値引いてでも受注し始めます。すると利益が少ない仕事のため、現場に無理が生じ、さらにトラブルが発生する…。

売上をつくる仕組みも不十分、社員教育もマニュアルや明確なルール等がなく自分が実践してみせる程度、当然社内管理やスタッフの仕事への評価に関しても仕組みやルールすらない状態です。頑張っているつもり・勉強しているつもりで一生懸命長時間仕事をしていても、目の前の対応に追われ、進んでいる方向性や方法が正しいのかさえわからない状態でした。

ついに、このままいけば給与も払えないで倒産する…と現実を突きつけられます。

今なら何とか給与は払える…、働いてもらった分の給与が支払えなくて倒産するよりはいい…。

3期目の10月15日の給料日、社員全員を集め給与を支給したあと、会社の現状報告と解雇通告を行いました。

解雇であれば失業手当がすぐ支給されること等を説明しますが、当然のように罵倒の嵐。

子供が生まれたばかりの社員もいました。結婚したばかりの社員もいました。明らかに社長としての勉強不足、経験値不足が原因の結果です。皆が罵声を吐きながら出て行く中、前職で勤めていた親方のときからの先輩職人の相良さん（現総職長）が1人残り「儲かったらボーナス沢山頂戴ね。力貸すよ」と言ってくれたことで奮起し、2人で再起を図ります。

日中は現場に入り、夕方はお客様対応、夜は書類作成と再起に励みますが、急激な売上減少と今までの自転車操業のツケが大きく伸し掛かります。

当然銀行からも追加融資を断られ見放されます。消費者金融からも借りるところがなくなりました。親や家族も含め周りに弱みを見せられない上に知識不足な当時、誰にも相談できず1人で考えついた打開策はただ1つ。取引先にも迷惑かけず家族を守るには…。ここまでだったのか、なぜ勘違いしてしまったのだろう、ごめん。

最後に声を聴きたくなり電話で母と世間話をする。電話を切ろうとしたとき「何かあったの？」と聞く母に「何もないよ」と答えるが、「仕事上手く行ってないの？」と、上手くいっているから心配しなくていいと答えるも何回も何回もしつこく聞いてくる、何回繰り返したのか。

そして「自分の子供の様子が変なことくらいわかる‼　言いなさい‼」と言ってくれた母。大人になって初めて電話越しではありますが、泣くのを我慢できなくなり、泣きました。

現状を説明すると、「そんなお金は持ってない、だけど一緒に下げる頭はある‼　一緒にいくらでも頭を下げてあげる…」と言い、翌日一緒に祖母の所へ行くと「これで足りるか？」と祖母が分厚い封筒を机の上にポンッと差し出します。

唖然としている私に、「顔色が悪い、焼き肉でも食べて帰れ」と、それとは別に1万円札を握らせてくれます。その瞬間、今度は祖母の前で泣きました。

それまでは、気づかない内にお金自体もお金を稼ぐことも軽く考えてしまっていた自分がいました。

当時封筒で差し出された分のお金を完済した今でも、祖母が握らせてくれた1万円札が凄く重くあの重みとありがたみは忘れられません。

8　創業13年、全国展開目指して

お金の重みや大切さと怖さ、知識不足の怖さ、自分の力量、いつの間にか勘違いしていたこと、周りが居なければ今はないこと、自分の現状をさらけ出せたこと、周りに弱音を吐けたこと、社長は強くあるべき等思い込んでいたこと等、改めて色んなことに気づかせてもらったと家族や周囲に独立後頼ることは一切しないと言って起業したのに相良さんや母、祖母が居なければ潰れていた現実を悟る。

すると、会社は潰したようなものと吹っ切れました。

その後は、色々と実践するのも普通じゃなくていい、自分なりでいいと思えるようになり、実践と改善を繰返しながら経験を蓄積し、自分を戒めながら少しずつ進み、今の方法と今向かっている方向で良いと思えるようになってきました。

そして現在は、有難いことに力を貸してくれるスタッフや加盟店職人さんを初め協力企業さんたちも少しずつ増えると共に、蓄積した実践済みノウハウを使い、他県にも展開させていただき、全国展開が夢でなく当面目標と言えるようになってきました。

勿論まだまだ今からが勝負所ではありますが、業界では異質な営業マン不在で飛込営業ゼロ、見積書も郵送での実戦済み直販スタイルとノウハウが少しでも貴方様のお役に立てれば幸いです。

第2章

「実戦の場」で「実践」を繰り返すことが一番の学び

1　一に実戦、二に実戦、三、四も実戦、五も実戦…常に実戦の場にいることを意識

極端な見出しですが、要は一番力を発揮する環境や経験値を得ることができる環境は命がかかっているような実戦の場なのではと思っています。

例えば、言葉は不適切ですが、今日中にチラシ３０００枚配布しなければ会社が潰れるとなったら文字通り死にもの狂いで配りませんか？　また今日中に本を10冊読み終えなければ死ぬ呪いをかけられるとなったら読みますよね？

勘違いしていた時代は、どこかで、

「自分だけは上手く行く」「自分は特別」「頑張ればいつかは売上が上がり続ける」

「きっとどうにかなる」「とにかく頑張っていればいつかきっと上手く行く」

「最初はみな大変なのが〝普通〟、今を我慢さえすれば努力は必ず報われる」等々…。

先への不安を隠しごまかすため、根拠のない自信を得るのに都合のよいモチベーションアップや、いつかむくわれる等、仕組みは勿論根拠すらない強引なプラス思考、信じたい都合のよい言葉にすがり、現実から目をそらし、いつからか戦場の最前線で現実逃避のための妄想をしているようないつ命を奪われてもおかしくない状態だったような気がします。

起業家は、０からのスタートがほとんどで、固定で得られる売上や収入はない状態の方も多いと思います。借金をしてマイナスからの創業スタートの方も勿論いらっしゃいます。

当然、売上がつくれなければ収入を得られず、事業の継続も生活もできなくなり、場合によってはご自身や家族の生活までも守れなくなるケースもあるので、現代の「実戦の場」でもあるかと思います。

得た知識や理論を自ら行う「実践」も勿論必要ではありますが、そこに常に「実戦の場に身を置いていること」を意識している経営者と、「最悪の場合、命を絶つことになる実戦の場に身を置いている意識がない社長」とでは、同じ経験・学びの場でもやはり得るものが違うような気がします

実際に結果を出し続けている経営者には、過去に倒産を経験された方や、生死に関わる大病を経験した方、死を意識するぐらいの大ケガをされた方、さらには身近の大切な方の死を経験したという過去を持つ方、そうした方には、死を身近に考え、当たり前のこととして意識している方が多い気がします。

そのような経営者とお話していると、せっかくだから生きている内にという熱い思いと共にいつ死んでも後悔しないようにと、ストイックに「実戦の場に身を置いていること」を意識しているかのように感じてしまいます。

さらに覚悟や信念、曲げないこだわりを持って経営をされているんだなと思わされる中に「自分への厳しいルール」等もあり、実戦の場に身を置いている意識がある場合とない場合の差を見せつ

けられる思いがします。本音は苦労することなく何もかも上手く行けばどれだけいいかと思っていますが、苦難の壁にぶち当たり、知識を実践経験と掛け合わせ実際に体験することが、ちゃんと身に着くためには必要なのかと思っています。

最近は「若いときの苦労は買ってでもしろ」と昔親からよく言われていたことがやっと理解できてきた気がします。

「実戦の場に身を置いた」と頭ではわかっているつもりでも自分への言い訳をつくり、戦場の最前線で現実逃避していたことに気づいた再起後は、二度と後悔するようなことはしたくない!! 二度と、あのとき、もっと頑張っていれば、勉強していればと後悔したくない!!

その思いを忘れないため「後悔するかしないか」という自分へのルールを追加し、物事の判断や仕事に対して向かい合うとき、後悔すると思うならここまでやれば後悔しないと思えるまで取り組もう。そして「実戦の場に身を置いている」気持ちを二度と忘れないよう、また自分への戒めをつくり取り組んでいきます。

2 経営の練習をするため、社長職の実践経験を積むために社長になってみた

家族や周囲の反対と無理の嵐の中23歳で起業したのは、少なからず売上をつくれる自信もできた

こともありますが、１番の理由は社長の練習は社長にしかできない、経営の実戦経験を得るには社長職を実践し経営するしかないだろうという考えがあったからです。

また初期投資を可能な限り少額に抑え、さらには25歳までの２年間は挑戦させてくれという期限を設け、２年で少なからず結果を見せられなければ、そのときまた反対して欲しいと妻を説得し、最悪な場合はどんな仕事をしてでも家族を守れればいいと思いながら社長人生の１年目が始まりました。

社長職の実践が始まると、感覚が少し変わった気がしました。

例えば、同じ本を読むとしても、先々役に立つだろうと読んでいた勤めていたときと、社長職を実践し始めに超えなければいけない壁が迫ってきているときなどに読むのでは、吸収できる量も内容の理解も真剣さも変われた気がしました。

社長業の実践を行い、経営を経験していくと、必要に迫られる物事や壁も多数発生してきます。

しかも、社員時代に勉強してきたつもりのことでも、社長業として対応するのは勿論初めての経験ばかりです。

そのため売上づくりに迫られれば関連本を５冊～10冊程大人買いし、利益を残すことが想像以上に難しいことだと体験すればまた関連本を大人買いし、人事評価に困れば関連書を大人買いしひたすら吸収しました。

知識やヒントを吸収した後は、実戦の場で役立ちそうなもので費用が少ないものから採用し実践。

さらには自社流に改善を繰り返し武器に替えていく、そして少しずつ必要に迫られた武器から少しずつ増やしていきます。

子供の頃、夏休みの宿題を計画的に行うことができなかった自分には、必要に迫られ、追い込まれる環境で実践しながら経験値を上げるスタイルが良かったのかもしれないとも思っています。

また、社長や経営者しか参加できない交流会や勉強会も多数あることを知ります。

本からの知識吸収も大事なことですが、実戦の場で実践を続けている先輩経営者からしか学べないことも多数あり、顔を複数回合わせるたびに仲良くなることで色々とダメ出しやアドバイスまでいただける環境に身を置けます。

さらには、決定権のある社長が集まる定期交流会や勉強会は自身の商売を知ってもらう場にも最適な上に、知ってもらえたことがきっかけで、思いがけない売上や取引に繋がることもあるのでおすすめです。若いときはニッカポッカ（職人のダボダボの作業着）のまま多数の勉強会に参加していました。

しかし、交流会やセミナー等にせっかく出席しても、中々名刺交換を積極的に行えない方もいると思います。

私同様内向的で人見知りの方に実践済みでおすすめなのが、１～３か月ごとに定期的に開催される交流会や△△塾という形で複数回にわたって行われる勉強会です。

同じ受講生という立場と同じ経営者と複数回会う機会が増え交流もしやすくなり付き合いも続き

やすいと思います。

また討論等が含まれる経営の勉強をメインとする団体や、会自体がビジネスマッチングを目的とした経営者の会等はお金をかけない知識吸収の場＋自社を知ってもらうきっかけを得られる営業の場として非常にいいです（お金をかけない＝少額で費用対効果が高い）。

13年以上の実践経験を元に、色々ある中でおすすめなのを参考までにあげると、次のとおりです。

①各地域の商工会や商工会議所主催の複数回実施される勉強会（創業支援塾や経営革新塾等）

※特に資金に余裕のない創業初期の頃からおすすめです（創業前から参加できる会もあります）。

②各都道府県にある中小企業家同友会（経営理念を中心に経営の勉強を目的とした会）

※創業初期～は勿論、経営に行き詰ったとき、経営理念という物の必要性を感じたときおすすめです。

③沖縄～北海道さらに海外の会員経営者をビジネスマッチング目的で接点をつくるＳｅｔｔｅｎｎ

※法人経営者のみ入会可能で、取引先等の開拓や全国へ視野を広げたい時期に凄くおすすめです。

（入会は紹介制なので興味ある方はメールをください）

良い悪いは人それぞれの性格や参加目的を明確にできるかにもよると思いますが、体育会系が苦手な方でお酒が飲めない方にもおすすめです。

3 起業が怖い＆踏み出す行動ができない方へおすすめの〝まずはリスクゼロ起業はいかが？〟

そうは言っても、現在起業されてない方には、中々行動に踏み出せない方もいると思います。そんな方にまずはおすすめなのが、勤務先で問題なければ、週末起業や時間外起業はいかがでしょうか。

主婦の方でも家族等に協力をもらえる日時限定起業も応援したいです。

自宅やシェアオフィス等で個人開業の届け出を提出し、代表名刺をつくり、既存の勤務時間外の可能な範囲で実践経験を体験する分には起業後売上がつくれなくても給与があれば生活できます。

踏み出せない理由が自身や家族の生活を守るための金銭面であれば解決できませんか？

週末起業で対応が限られる場合も、○曜日のみ予約受付可能、さらには数量限定や対応件数限定○○限り等で打ち出せば解決できることも多いと思いますよ。

もし他にできない踏み出せない理由があるなら、先程みたいにその理由がわかれば解決策も大抵あると思います。この手法は、先代が反対するから新規事業に乗り出せない二代目さんの企業内起業等の応用にも適しているかもしれません。

兼業社長や週末起業をおすすめする理由として、起業後10年以内に倒産する企業が約94％という有名な統計があります。今ならわかりますが、全くの素人で、装備品も乏しい戦力でいきなり実戦の場で生き残れるか？　と考えると確かに難しいと実感しています。

だからこそ、まずはリスクを抑えて社長職の経験を積む練習の場に週末起業や兼業社長を使うというのもありだと思います。

その理由は、次の点です。

・スポーツ等も知識だけ学んだとして、実践練習もなしに試合で活躍できるか？
・知識だけ沢山学んでも、実践経験もなしにプロになれるか？

このように置き換えると当然難しいですよね。

これは、社長職の実践や実戦の場での経営でも当てはまると思っています。

実践練習も実践経験もなしに、あとに引けない環境に身を置き失敗すれば滅びる覚悟を持って背水の陣で実戦に臨むのも人によってはいいとは思います。

ただ、想いはあっても今まで起業へ踏み出す行動を起こすことをされていない方には、何かしら守るべき者のため等の理由から慎重になられている方が多い気がします。

そのような方には、定年退職、または子供が巣立ってから全くの素人で装備品も乏しい戦力でいきなり実戦に出るよりは、その前にまずは経験を蓄積するための週末起業や兼業社長での実践練習をおすすめしたいと思います。

兼業社長で「安全な実戦の場での知識吸収＋実践練習×改善＝経営経験値の蓄積」をし、武器になる装備品等を少しでも整え、少しでも戦力を増強されてからその後本格的に実戦開始！

会社勤めで悩んでいる場合、会社勤めだけから生活の糧を得ることに不安な場合、将来は起業したいけど今は何らかの理由で我慢されている場合、道は2つだけでなく他にもある場合が多いと思います。意外と別の道の発見に繋がるかもしれません。

もしかしたら、これから実戦の場に立ち、社長業として苦しい場面、不安な場面、悩む場面等々、同じように経験されるかもしれない貴方に、実戦経験で役立った言葉や救われた言霊（言葉）を勝手ながら送らせていただきます。

※【上手くできなくて当たり前】（最初から上手くできたら世の中全員プロ）
※自分にできるか？　と悩んだとき【やればできる子】（自分を信じられなければ誰が信じる？）
※【苦しいときこそ笑え】（一生懸命な人は応援したくなるが、普段から暗い人を応援できるか？）
※【後ろ指刺されるようなことは絶対にするな】（苦しいときこそ甘い誘惑には気を付けろ）
※【失敗や過去の苦しい体験を〝経験〟や〝ネタ〟に変える】（失敗＝経験、と考え蓄積する）
※【時間は平等だが〝時間密度〟は変えられる】（同じ作業や行動でも時間短縮できないか？）
※【〝無理〟な〝理由〟がわかれば〝可能〟である】（○○だから無理＝○○をクリヤできれば可能）
※【後悔するかしないか】（多数の選択に迫られる社長業、自身の選択ルール作成はおすすめです）

第3章

躍進の秘訣に効果は実践済みでおすすめの強力なパクリ手法の「ＴＴＰＡ」

1 同業他社様の良いところは素直に〝ＴＴＰＡ〟する

全国世界を見渡して、同じようなビジネスがない特殊ビジネスを展開できる経営者の方は別ですが、殆どの社長には同業他社や競合先というものが存在すると思います。

その中で、同業他社や競合先なのに稼いでいる会社と自社の違いは何か？　お客様から多くの支持を得ている理由は何か？　を知ることが大事です。

まずは、そのような多くのお客様の支持を得て稼いでいる同業他社のホームページやチラシ、広告物の情報収集は勿論、会社の規模や営業年数、人員数や役員や幹部社員、社長ブログやフェイスブック等のＳＮＳからも年齢や考え方まで無料で調べられるだけ調べます。

さらには、その社長が登壇する勉強会等に参加してみたりしてとにかく徹底的に調べあらゆる情報を収集します。

そこで、自社が行っていることを書き出しリスト化し、稼いでいる同業他社が行っているリストを作成し、自社が行わずその他社が行っていることをピックアップします。

ホームページ等の文言や見せ方等も徹底的に比較します！

そして、お金がかからないことやすぐパク（マネ）らせていただけそうなことがらをドンドンパクります（笑）。

そのままパクれるサービスもありますが、自社には違和感を感じる部分やサービスも多々出て来ると思います。その違和感を感じる部分を自社流にアレンジして実践します。

つまり「ＴＴＰＡ」とは、次のように定義しています。

❶「Ｔ」＝他社から（お客様から多くの支持を得て稼いでいる同業社＆他業種の企業）

❷「Ｔ」＝徹底的に情報収集して比較し

❸「Ｐ」＝パク（真似）る

❹「Ａ」＝アレンジ（違和感を感じる部分やサービスにアレンジを繰返す）

パクリや真似ると聞くと、嫌悪感を抱く社長もいるかもしれませんが、スポーツや技術等も未経験者や上達したい方等は、まずは上手い人の真似（パクる）をしませんか？

そしてイメージと共に知識を吸収（パクリ）×実践練習を繰り返し自分の技にしますよね？

さらに一部の人はアレンジを加えオリジナルの技に替えていく…。

もし同じ地域でパクるのに抵抗があったり、さらにＴＴＰＡを進化させたい場合等は、同じ地域の稼いでる同業他社より、さらに多くのお客様の支持を得て稼いでいる他県↓全国↓世界の同業他社にＴＴＰＡ先を変えるのも非常におすすめです。

今は、インターネットで調べ物も簡単にできる上に、情報収集もしやすい時代です。さらには各業界の専門情報誌等も多数あるので、他県であっても簡単にお客様から支持を得て稼いでいるＴＴ

PA先に成りえる同業他社は簡単に見つかります。

売上UPや集客に悩まれている社長、今より増やしたいと思われている社長はぜひ費用がかからなそうなサービス順等にTTPA×実践×改善の繰り返し積重ね数＝お客様の支持増加、試してみてはいかがでしょうか？

〝他業種からのTTPAは自社業界では斬新で業界革新に繋がるお宝も埋まっている?!〟

同業他社や競合企業からのTTPAの実践と改善の繰り返しに慣れたら、次は他業種からのTTPAの実践と改善を繰り返すと、少なくとも地域では珍しい会社になります。

さらには自社業界にとっては斬新な新サービスに生まれ変わったり、自社業界の革新に繋がるヒントも埋まっている場合もあります。しかも費用はほとんどかからない。これはTTPAやらなきゃ損ですね。

2　事例❶　売上UPに繋がるチラシ兼用の欲張りインパクト折名刺

図表1～3の名刺（用途に応じて複数パターンあります）の根源は、政治家さんの2つ折り名刺でした。まずはパクッて2つ折り名刺をつくり実践します。

すると、お客様層は老眼の方が多いことに気づき、文字を大きくするために3つ折りへ。

また実践していく中でお客様への約束や覚悟（経営理念）も記載し、既成品や完成品を販売提供

〔図表１　折名刺写真〕

〔図表２　折名刺
一次見開き　写真経営理念部〕

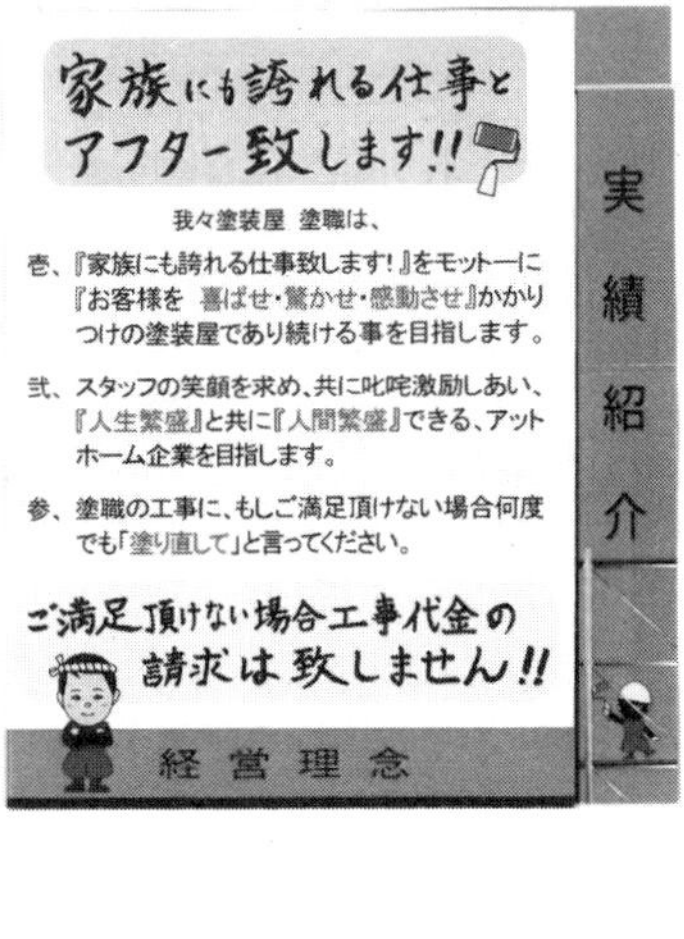

〔図表３　全見開き写真
アンケート部〕

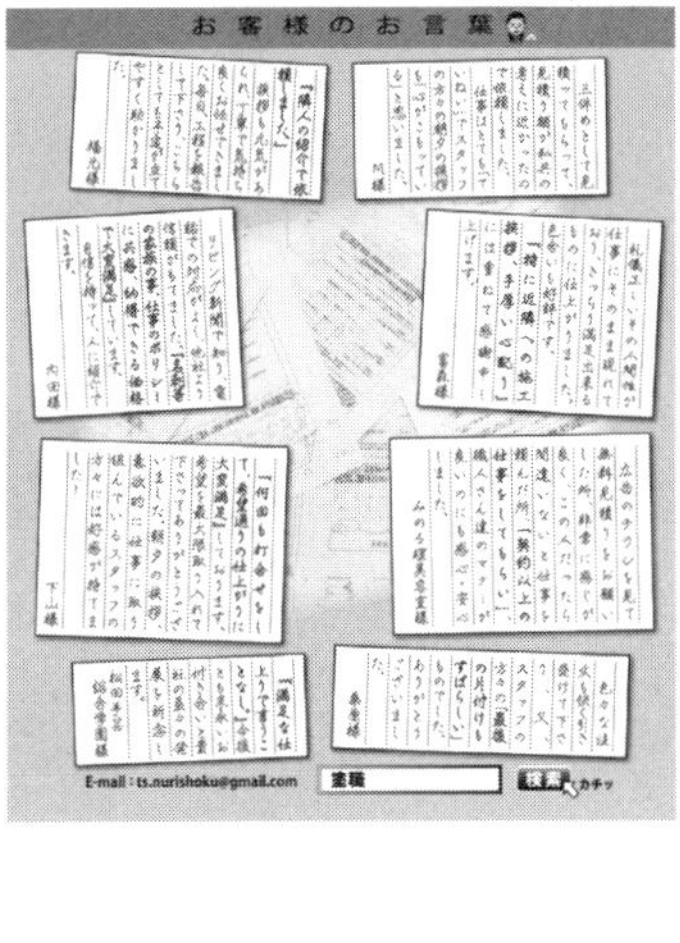

〔図表４　名刺の山　写真〕
実際今まで貰った名刺の一部この中からでも目立つ自信ありますか？

する仕事ではないため、通販業界のチラシからのパクリでお客様の声も記載したりしていき、この形になりました。

この形態に賛否両論あるかもしれませんが、勿論渡す相手に失礼がないよう折り畳んだサイズは通常名刺のサイズで、厚みも通常名刺の２枚分で収まるように細部までこだわっています。

ただ、実戦の場で使用している立場から言いますと、「普通」の名刺よりお客様が喜んでくれ、人見知りでもお客様が話のきっかけにしていただけ会話がしやすくなります。

さらには、名刺交換しただけの方からも仕事の依頼をいただける確率が普通名刺より格段にあがります。実際にこのチラシ併用名刺をお渡ししたことだけがきっかけで約１５００万円のお仕事に繋がった実績もあります。

普通名刺より若干コストはかかりますが、普通名刺を10枚配るよりも、このオリジナル名刺を1枚配るほうが費用対効果が高いので、今では重要な弊社の武器になってくれております。

会社案内やホームページやチラシも当然ですが、名刺に関してもせっかくお会いできた未来の見込客に最低でも、次の効果が期待できます。

・印象を残し覚えてもらう（必要なときが来たら思い出せる）。
・仕事内容、サービスがハッキリわかる。
・連絡するメリットがわかる（自社の強みや得意分野、他社との違い）。
・年数経っても名前と顔が一致する（写真付等）。

同じ方と再度名刺交換する機会は中々少ないと思いますので、せっかくの機会を売上に替える確率をあげたい社長にはぜひ実践して効果を確認＆体験されてはいかがですか。

図表４の写真のように誰か思い出せない＆提供サービスが思い出せず名刺の山の一角にならない名刺をつくり続けたいです。

3　事例❷　大きな御礼ハガキ兼用の勝手に報告新聞

最近は経営者や職種問わず営業の方にも多くなりましたが、昔は保険会社さん等が名刺交換の御礼に手書きのハガキを送ることが流行りました。

「先日は名刺交換させていただき…」等、ハガキや手紙をいただくと、嬉しい気持ちになり好感も持ちます。

（御礼ハガキやお礼状作成の書籍は多数あるので、気になる方はそちらも参考にしてください）。

そこで早速パクリ、実践すると問題や違和感が多数出てきます。

・そもそもキレイな字が書けず相手が読めず逆に失礼ではないかという不安。（実際に添削されて返送されたこともあります）

・今まで字を沢山書く習慣が殆どなく、漢字を調べながら1枚1枚書くのに非常に時間がかかる。

・右記理由からか効果（売上貢献や取引のキッカケ）に繋がらずモチベーションも上がらない。

・結果、私の直筆では費用と時間のコストに対して費用対効果が悪い。

素直に感謝の気持ちだけ伝えられればよいのかもしれませんが、「感謝の気持ちを伝える＋売上にも繋がる」ほうが本音は嬉しいです。

そのため、「キレイな字が書けない＆漢字が苦手」なら印刷で実践。味気ないので印刷を薄くしなぞり書き。

お礼の気持ちと宣伝の気持ちを分けるため、表面は宛名と御礼文、裏面は宣伝印刷で実践。しかし、「普通ハガキ」では小さく、老眼の方は見づらいため、サイズをA５にし体裁だけハガキ風にしました（図表５・６）。

〔図表５　御礼ハガキ表〕

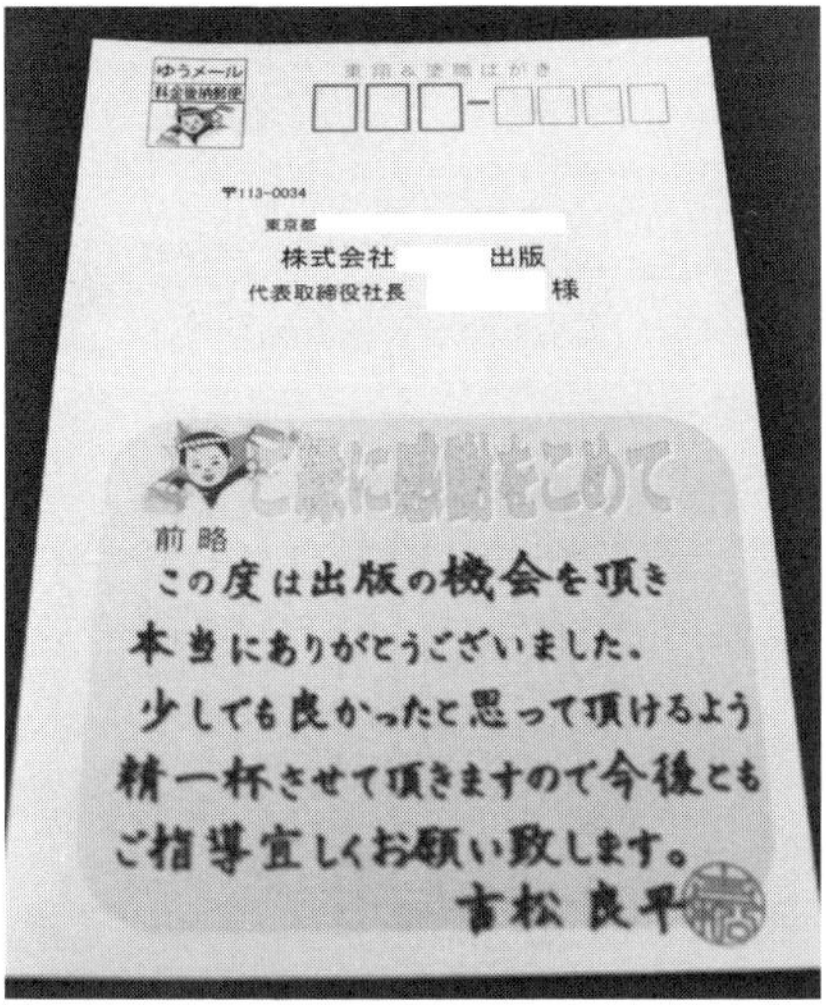

〔図表６　御礼ハガキ表下部〕

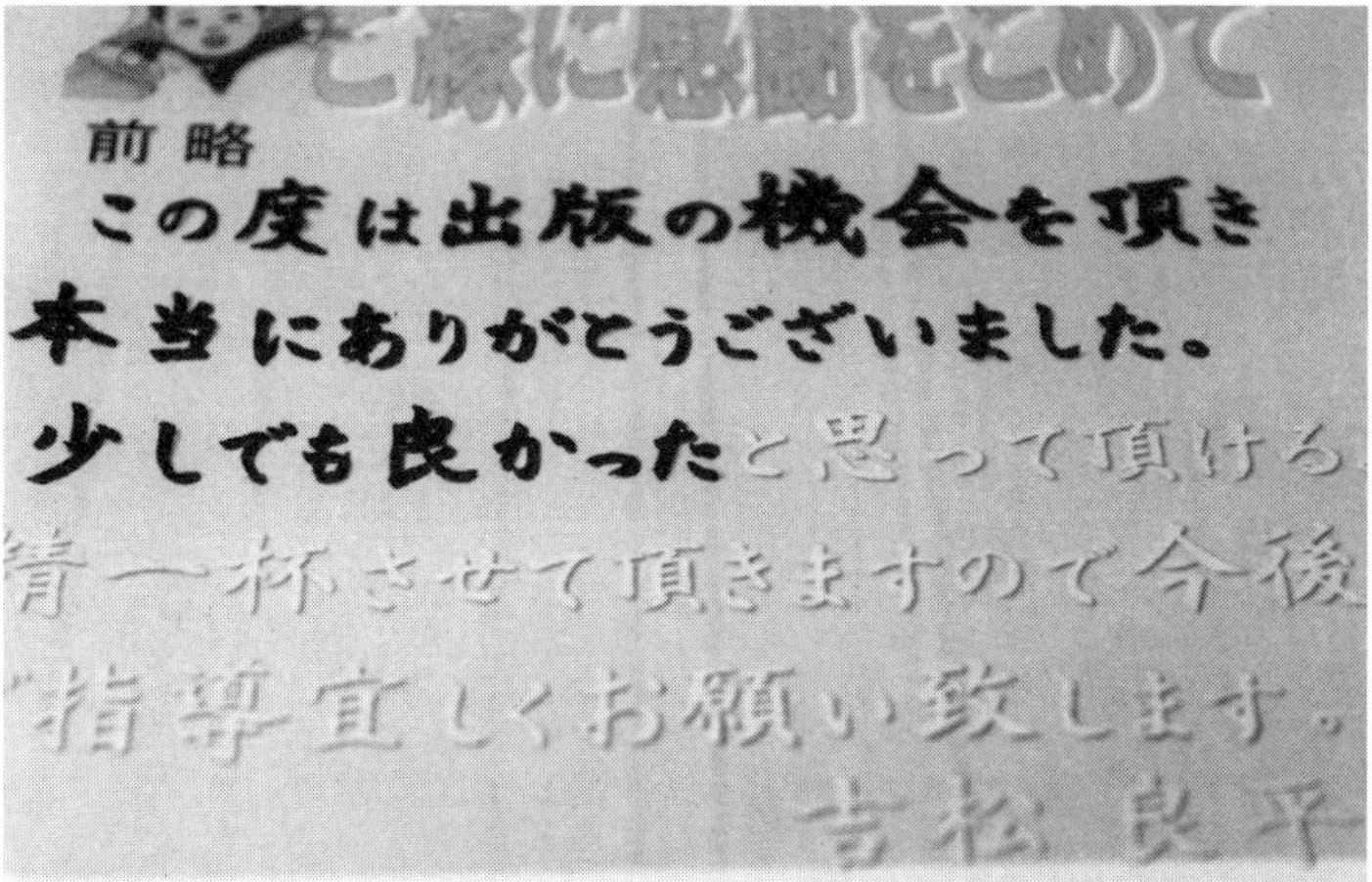

〔図表９ 年末状表〕

〔図表７ 暑中見舞い表〕

〔図表 10 勝手に報告新聞タイプ〕

〔図表８ 勝手に報告新聞タイプ〕

結果、好評で費用対効果が高くなったので、現在は顧客様への暑中見舞いや年末状としても進化し活躍の場も増えました（図表7～10）。顧客様からも毎回楽しみにしていると嬉しいお言葉。リピート発注もいただき、キレイな字が書けなくてよかったと今は思っています。

御礼ハガキのＴＴＰＡの実践を繰り返した実物が図表5～10です。

4　事例❸　他業種からのＴＴＰＡでコスト削減&利益ＵＰ&時間密度ＵＰ&連携強化のいいこと尽くし

以前は、社員や現場さらには協力企業様からの電話着信が非常に多く、携帯電話代も3万円近くかかる月もありました。

さらに、電話なので現場からの確認電話等は状況が見えない中での判断に迫られる、電話応対の都度仕事も集中力も途切れる。電話の場合は、会話内容の履歴が残らず、言った言わないのトラブルや、先方の聞き間違いから発生する発注ロス、社内共有の報告忘れや伝え間違い等の連携不足から発生する金銭的損害&時間的損害等々…。

勿論改善するため色々と試します。

作業日報を作成して毎日記入してもらいます。私同様文字を書くのが苦手で嫌がるスタッフ、当然自社にはしっくりきません。

発注方法等もＦＡＸ等でも試しますが、事務所にいるとき以外の対応に困るのです。報告事項はメモや書類でと試すも、書いている時間の割に効率的でもなければリアルタイムでもないのです。

さらには、ＩＴやクラウド（＊注1）を使用すれば解決できますと提案いただくも、そんなハイテクな物に資金をかけて導入しても全員が使いこなし、使い続ける自信がありません。

そんな中、地元を離れ東京で保険業の第一線で活躍している幼馴染から「面白いビジネスをしている同じ歳の凄い社長がいるから会ってみないか？」と、Ｓｅｔｔｅｎという会社の社長を紹介された。お会いすると全国の会員企業の法人経営者同士をビジネスや取引を目的としたマッチングの「接点」を提供し、あとは経営者同士で会う段取りから取引をするかしないかは自由というシンプルさ。このビジネスモデルは凄いなと感じました。

しかも、その「接点」を提供する主なツールは無料で使えるＬＩＮＥ（＊注2）。

正直な話、当時のＬＩＮＥへの認識は、平成生まれの若い世代がメールよりも便利だから使っているというくらいの認識でした。

しかし、話を聞くうちに無料のツールを使いシンプルだけど目的がハッキリしており、さらには会員企業も沖縄から北海道さらには海外企業も加盟している。地域の幅も広く上場企業まで加盟しており、凄い仕組み。どれだけ効率的で粗利高いの!!　と思わされ、物品販売もしていないし全国展開もしていないが、他県の精力的な企業の仕組みや考えサービスをパクる宝庫だと思い、早速加盟を検討。

〔図表11
LINEアプリ画像〕

〔図表12
LINE 各専用グループ一覧トップ画像〕

ただ問題が1つ、ＬＩＮＥがよくわからない。そこで関連本を大人買いして検討した結果、こんな便利なツールが無料とは凄いと早速導入しＴＴＰＡの実践をする。

無料ツールでコスト削減＆利益ＵＰ＆時間密度ＵＰ＆連携強化？　使わな損でした。

まずは社内で確認すると、当時で既に6割以上がＬＩＮＥを使っていることが判明。

さらに、パソコンはできないがＬＩＮＥはできる、ＰＣメールで写真は遅れないがＬＩＮＥなら写真送付もできますということです。

そこで、社内ルールに事務所と現場の連携は緊急時以外は基本ＬＩＮＥで相

〔図表 13　アルバム報告〕

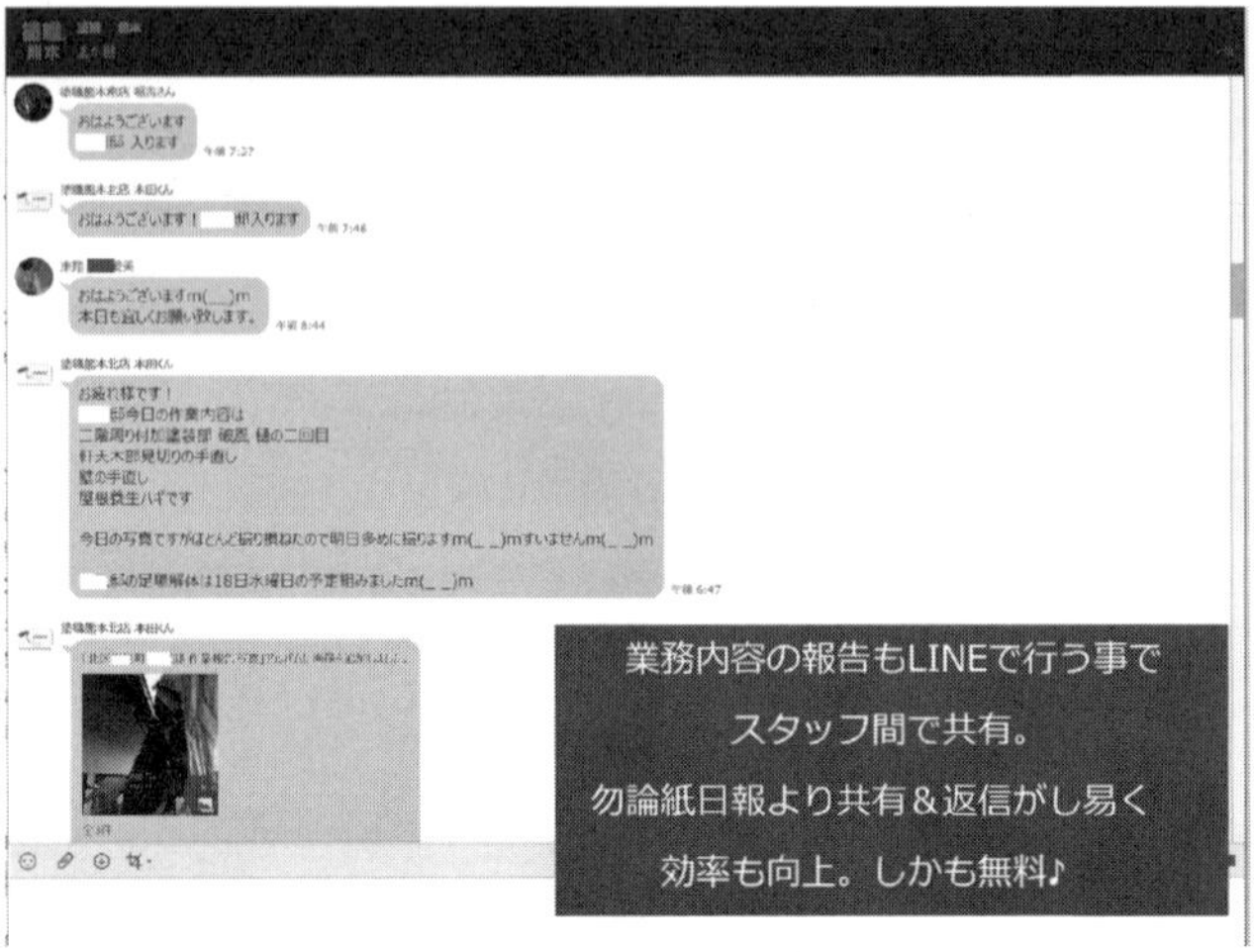
業務内容の報告もLINEで行う事で
スタッフ間で共有。
勿論紙日報より共有＆返信がし易く
効率も向上。しかも無料♪

談・確認・報告することと追加し実践×改善を繰り返しました。

そして、これはいけると思い、次は取引先や協力企業様の担当さん等にもＬＩＮＥでのやり取りに切り替えていき、今では取引開始時や社員採用の条件にもしています（図表13〜17）。

無料ツール使用のＴＴＰＡ結果をまとめますと、次のとおりです。

①　携帯が鳴らなくなり、電話代の削減によりその分利益ＵＰ（年間で考えると新入社員の約１月分給与相当でした）。

②　紙での日報作成の削減により、記入時間＋印刷コスト削減。さらに写真付きで業務内容の把握ができ連携強化。

③　取引先とのやりとりも履歴＆社内共有も簡単なうえ、言い間違い・聞き間違いによる発注ミス損害の減少。それに伴い利益ＵＰ。

〔図表 14　共有報告〕

〔図表 15　材料発注〕

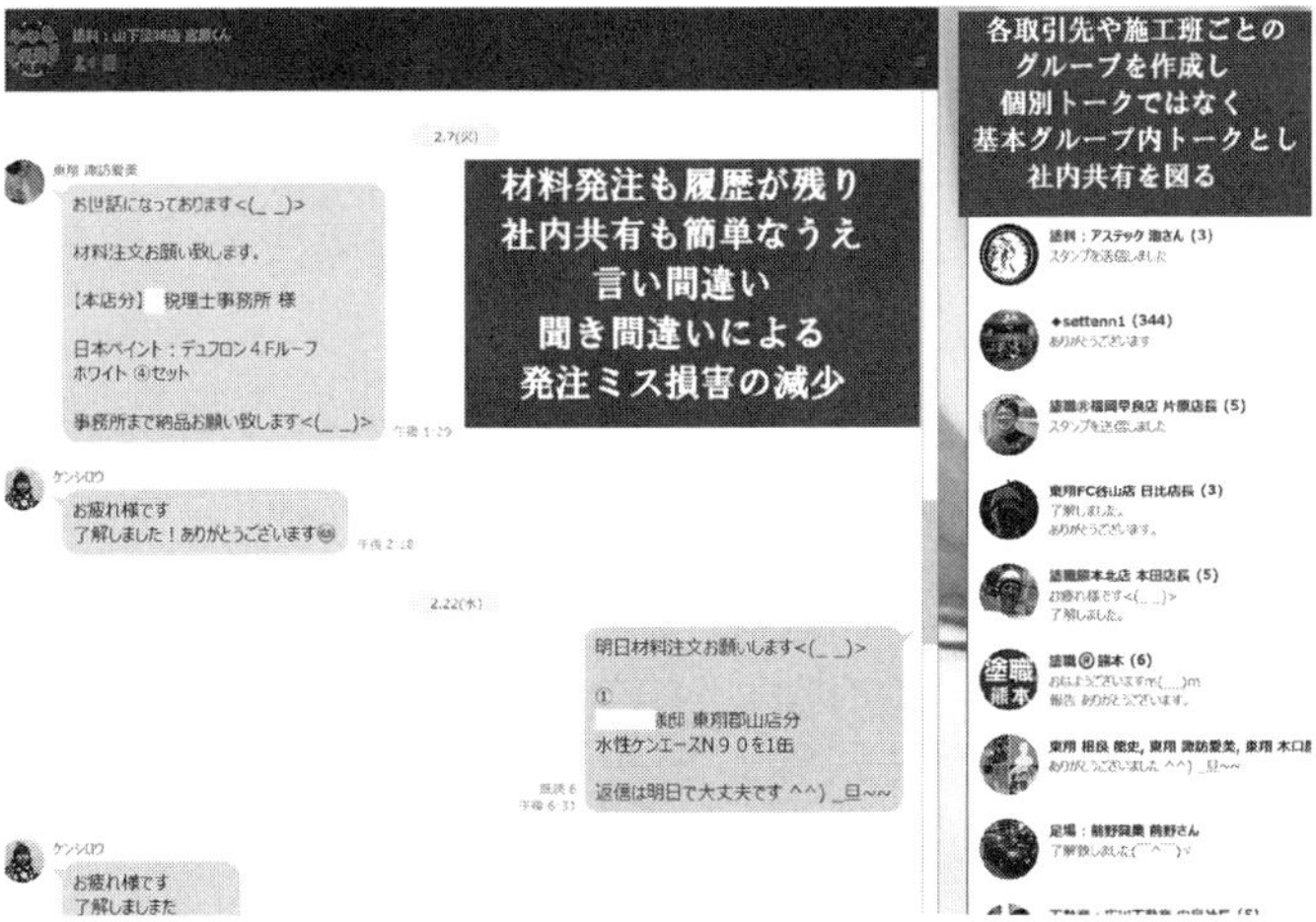

〔図表16　足場発注〕

④　簡単につくれる各専用グループへの投稿で、参加者全員共有でき、社内伝達のための時間削減＋社内伝達ミスによる損害の削減。それに伴い利益ＵＰ。

いかがでしょうか？

今考えれば、ＩＴ関連の上場企業等の経営者さんでスマホさえあれば仕事ができる、打合せや確認等はＬＩＮＥで十分と話されている取材記事等を見たことがあります。

すでに使用されている企業も多数いると思いますし、さらにハイテクなツールを使用されている企業もあると思いますが、地方都市で建設業を行っている弊社が、この話をすると「使えるようになったほうがよいでしょうが、どうも苦手…」という方と「早速パクらせていただき紙日報がなくな

〔図表 17　校正確認〕〔図表 18　打合せ確認報告〕

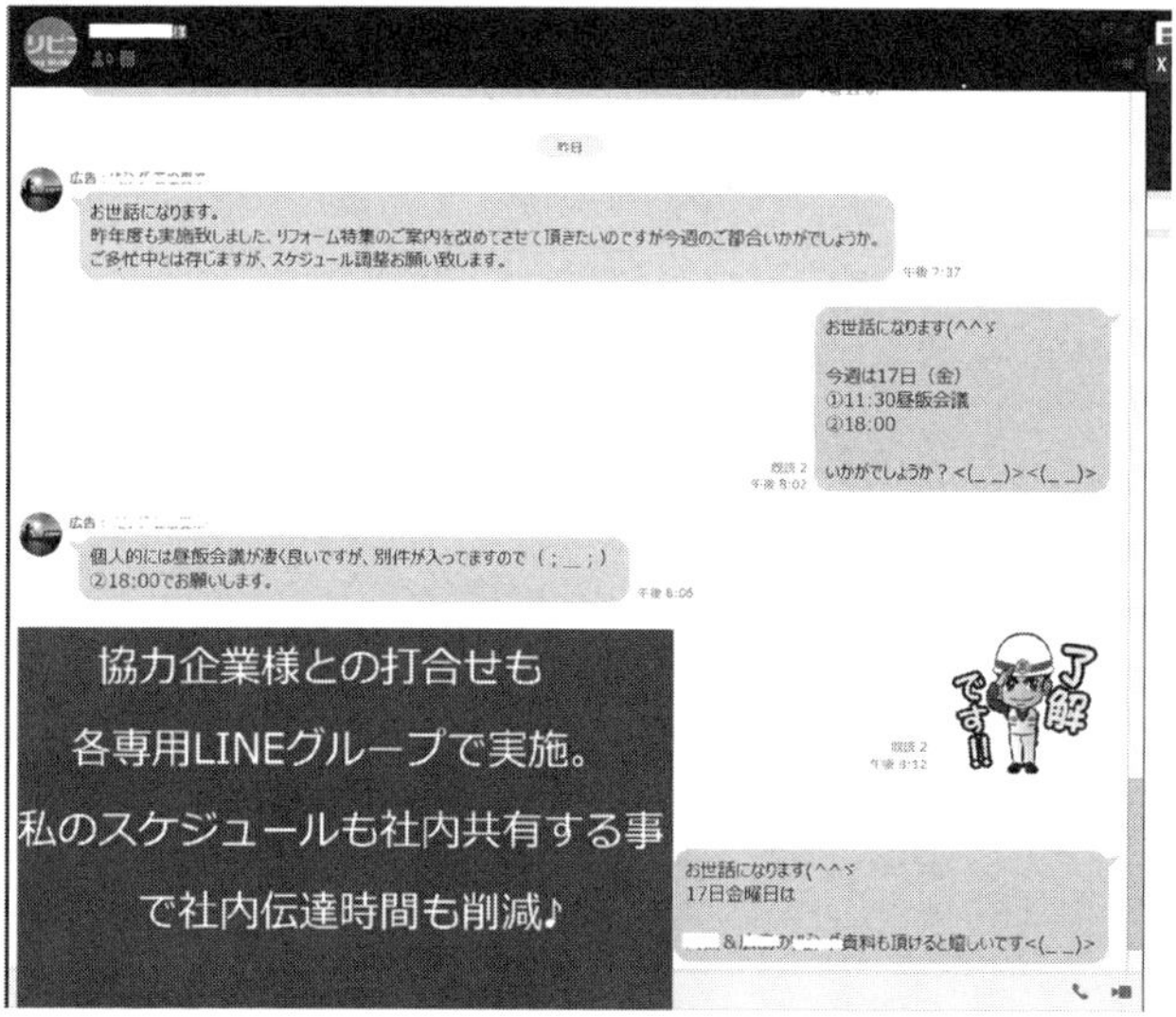

りました!!…」という方に分かれます。

もし、現在使用されていない方で少しでも面白いなと思われた方は、「無料」ですが、使い方次第で役立つツールを、経営・商売という実戦の場でＴＴＰＡの実践を試していただき、少しでも笑顔になっていただけると嬉しいです。

（＊注１）クラウド＝クラウドコンピューティングを略したもので自宅、会社、ネットカフェ、外出先など、さまざまな環境のパソコンやスマートフォンからでもデータを閲覧、編集、アップロードすることができ、データを共有するグループウェアのような使い方もあります。

身近なサービス例ですと、ｗｅｂメール（Ｇｍａｉｌ等）もクラウドサービスの１つです。

つまり、アドレス帳やメールデータなどがすべて端末（携帯やパソコン）ではなくインターネット上に保存され、メール送受信のときもインターネット上のアプリケーションを介して行われるサービスの略称。

（＊注2）ＬＩＮＥ＝一言で言ったら無料で通話やメール、写真撮影や送付ができるサービスです。基本すべて無料で使えます（詳細利用方法に関しては、関連書籍等を参考にしてください）。

次にＴＴＰＡの実践をよりイメージしていただきやすいように、多業種からのＴＴＰＡ掛け合わせ例をパクリと妄想好きな私が無責任にやったら面白いのにと思うことを勝手に紹介します。

※現在実践されている企業がないという保証はございません。

5　妄想❶　地方にも会員制もある美容室や理容室があったら面白いかも

休みが少ないため、休日は可能な限り家族と過ごすという自分ルールを決めている私にとって、人も多い休日を使ってまで髪切りに行く気になりません。

しかも利用する店は可能な限り従業員が対応するのでなく、色んな商売の話を聞きたいため社長自身が対応されるお店を利用したい、しかも髪はカッコよく定期的に切って欲しいです。

しかし、平日夜遅くまで対応してくれるお店が中々見つからないうえに、時間が空いたと思っても人気なお店は当日予約が難しい…。そんなとき、ふと思うのが普通の予約制とは別の次のこと。

・限定○名特別会員募集！　会費月額数千円
・特別会員限定サービス夜間カット対応（要事前予約）
・数か月御利用できなかった場合、奥様彼女へのプレゼントに好評の○円分のサービスギフトカードをプレゼント♪

このような美容室があればいいのにと、いつも妄想しています。

ちなみに、この妄想は、美容室に会員制ビジネスと男性のネイルケアサービスもされるネイルサロンさんのネイルギフトサービスのかけ合わせです。

個人的にこの妄想は、歯医者・マッサージ・鍼治療・ネイルサロン業界等でも増えたら嬉しいなと思っています。

6　妄想❷　低糖質満腹弁当Ｏｒ定食で他力本願ダイエットできたら嬉しい

仕事がら体重が増え過ぎると、高所での効率が落ちたり既存のスーツ等が着られなくなってしまったり、病気等すると金銭的損害は勿論時間的損害にもなったりする。そのため、体重を増やしたくなく、本音はあと４～６キロ絞りたいと思っています。

しかし、仕事柄懇親会も多く、また食べないと体力が持たないので、沢山食べたいのです。しかし年齢と共に体重を落とし難い上に、今はジムに通う時間をつくるよりも仕事や家族に使える時間を増やしたいです。

そんな自分勝手な考えの中、妄想するのが宅配弁当屋さんや定食屋さんと低糖質ダイエット等をかけ合わせて

・美味しい（最低条件として）
・お腹一杯になるボリューム
・右記を満たして毎日食べても飽きないよう日替わり定食にも対応している

こんな宅配弁当や定食屋さんが近くにあれば、少しぐらい高くても、太る＆不健康からくる損害を考えれば結構な回数買いたいと思います。

こんなメニューを開発し、実際にお客様からも支持されたら全国で売上ＵＰに困っているお弁当屋さんや定食屋さんにレシピを販売、またはネーミングを商標登録してレシピとネーミング使用で売上ＵＰのお手伝いができたら面白いなと、料理もできないのに妄想しております。ぜひ実践され近くで提供できるようになったら案内して欲しいです。

個人的にこの妄想は、宅配弁当や定食屋さんも勿論ですが、居酒屋・ラーメン屋さん・宅配ピザ・ファーストフード店・レストラン・旅館等でもあったら嬉しいです。

7　妄想❸　結果にコミットする成果報酬型&返金保証付きコンサルｏｒ学習塾

ここ近年、助成金や補助金等の申請に「成果報酬型」の社会保険労務士さんや行政書士さんに依頼させて頂いたことがあります。

頼む側からすれば、補助金や助成金が貰えなかった場合でも委託報酬を支払うのはリスクになります。そのリスクを負って成果報酬でやりますという士業の方と、リスクは負えませんが精一杯やりますので成否に関わらず委託報酬はいただきますという士業の方両方から提案をいただいたら、殆どの社長さんが成果報酬対応の士業の方に依頼すると思います。

当然、成果報酬型の士業の方に依頼すると、覚悟が違う分仕事の質やスピードが違い、さらには成果報酬契約条件としてこちらでしか行えないことに対してスパルタです。

しかしお互いに補助金や助成金の可決を取るという共通目的への覚悟が同じですから、全然苦になりません。結果、自社単体で時間と労力を費やし申請していたときは約50％だった受領確率が成果報酬型士業の方に依頼してからは１００％の申請可決&受領も１００％と、自社対応部分の業務も大幅に削減されたという大満足な結果。

そこで、ふと創業当初のことを思い出します。

今みたいに公的機関での創業支援等も少なかった時代、経営の悩みや相談できる相手や場所を見つけられず、お金もない状態だから経営コンサルもお願いできません。

このため、自分が向かっている方向が合っているかも、がむしゃらに頑張っている方法が正しいのかもわからず、すがりやすい言葉にすがって現実逃避しないと将来が不安で堪らなかったです。

そんな当時思っていたのが、将来結果を残せ、もし経営コンサルを行うことがあれば成果報酬型ｏｒ返金保証型でアドバイスができるぐらいの自信と覚悟を持って当時の自分と同じような環境で苦しんでいる社長さん等の役に立てればという妄想をしておりました。

勿論、現在実績もあり支持を獲得し、売れている方はともかくとして、もしも経営コンサルや講師、塾等をされている方で能力と指導内容に自信を持ち、結果を出す自信もあるものの売れない、このままでは廃業だと追い込まれてしまっている方はいかがですか。

〝「成功報酬型」や「返金保証付き」で結果にコミットする〟

・スパルタコンサルや塾講師

・自信と覚悟を打ち出した講師や家庭教師等売出してみる価値はないでしょうか？

責任は負えませんが、実践される覚悟のある方はぜひ案内や営業に来ていただけると嬉しいです。

8　特別妄想❹　子供と働ける職場を増やしたい〝ママサポ組合Ⓡ〟の一般普及

読者のどなたかと妄想の掛け合わせができる可能性を願って、以前実際に弊社で行い、現在休眠中の事業を特別妄想としてご紹介させていただきます。

子供と働ける職場があればいいのにという妄想と、子育て世代ママの組合をつくりたいという妄想の実現に、本業展開のためのある目的ともマッチした宅配水業界のフランチャイズに約４年間加盟していたことがあります。

そして誕生したのがママサポ組合Ⓡ（弊社商標所有）でした。

ＦＣ加盟し開業するにあたり、本業もあるので可能な限り日常業務は自分以外で運営したい。だが、売上も業務も多くない状態で社員を採用するには固定費の増加で赤字になる上に、毎日出勤してもらうだけの十分な仕事量がない。さらに社員が休んだらそのカバーは誰がする等々、色々検討した結果、業務委託を取り入れようと考えました。

業務委託では、日中週2～3日、1日あたり早ければ3時間程で業務は終わり、月３万円平均の決して多くはない報酬。さらに業務上清潔で体力のある若い人がよい、そしてお客様が配達を楽しみにしてもらえるような人がいいのです。

普通に募集しても受託希望者が集まるイメージができず、前述の条件でも業務受託を喜んでもらえる世代はと考えると、昔から妄想していた「子供と働ける職場があればいいのに」という妄想がマッチします。

未就園児を持つママさんたちの中には、保育園に預けてまでは働きたくない、働きたいが希望の保育園に入れずどうしようもない方や、または保育園に預けて正社員ではなくパートで働く方の場合、パート代から保育料を差し引けば残りは月３万円くらいのこともあるのではと色々リンクしていきます。

そして「なければつくればいい」と思い、「子供と働ける職場をつくります」をキャッチフレーズに「ママサポ組合®（弊社商標所有）」を設立。早速子育て世代のママさんが読者層の地域フリーペーパーに募集説明会開催の案内を掲載しました。

すると、１回の掲載で約30名もの子育て世代ママさんが参加いただく説明会となり、業務委託内容や委託報酬、条件等を説明すると、半数以上の方が子供同伴で仕事してもいいならと受託を希望いただき、希望者の中から３名を厳選して採用させていただくという有難い結果になりました。

当時23歳で生後６か月の子供と同伴業務を行っていた委託員さんは現在、正社員で幹部候補生として頑張ってくれており、子供さんも小学生になり、幸せそうな笑顔を見る度こちらも嬉しい気持ちになります。

事業部自体は、業界の先行きに陰りを感じるも一加盟店ではできることは限られていると思っている最中、主要委託員さんの１人が家族の事情で継続が困難になったことと、本業のＦＣ展開の本格化に人員も資金も集中させる必要があり、この事業は売却させていただきました。

現在休眠中の事業ではありますが、できることなら「子供と働ける職場つくりたい」という気持ちは変わっておらず、もし読者の方で妄想の掛け合わせで一緒にしたいと思っていただける経営者や行政の方がいらっしゃると嬉しいです。

ちなみに「ママサポ組合Ⓡ」のノウハウ等は、他にも可能性はありますが、ルート宅配業・不動産管理清掃・空き家管理・レポート取材業・展示場や催事等・商品開発・商品制等々、業務を細分化すれば対応できる職種も増え採用企業も人材不足解消の対応策に繋がり、その分売上・利益ＵＰになるのではと思っております。想いに共感いただける方で一緒に妄想を実現したいと思っていただける方がいらっしゃいましたら、ぜひお声かけてください。

ＴＴＰＡの掛け合わせの妄想例はいかがでしたでしょうか？

絵空事だ！　現実的じゃないと言われる方もいらっしゃるかもしれません。

しかし、現在の〝普通〟になっているビジネスも発案時は同じように周囲からは言われていたかもしれませんね。携帯電話、インターネット、パソコン、テレビ、飛行機、車…どれも世間一般的に〝普通〟にない状態のときは〝無理〟だと言う方もいたかもしれません。

人が妄想できることで〝無理〟な〝理由〟がわかることは、人間はいつか可能にできると信じています。

9　さらなる躍進に〝売上を2倍にするシンプル思考〟

さらなる躍進に迫られたときに役に立ったのが「例えば1年で売上を2倍にするにはどうしますか？」という質問でした。「平均契約額を2倍…」など考えますが、現実的ではないというのが正直な気持ちでした。

では御社の売上簡易構成に数値をいれて考えてみると〝①見積数50件×②契約率50％×③平均契約額1000万円＝売上2500万円〟となりますが、①〜③を約25％ずつ増やせればいかがでしょうか？

〝①見積数63件×②契約率63％×③平均契約額1250万円＝5000万円〟なんと売上が2倍になります。しかも契約額を2倍にするよりも実現できそうです。

【見積件数を25％増やす】（対策）名刺や広告物の改良と増加、リピートや紹介率の向上、提携等。

【契約率を25％増やす】（対策）お客様向け資料等の作成改善、専門化、マナーや提案方法の改善。

【平均契約額を25％増やす】（対策）見積書を複数案作成、オプション提案、大型物件層の開拓等。

右記のように各対策も細分化し、各数％ずつ向上させるだけで25％増の達成も少しの労力で実現でき、売上も2倍とはいわず、弊社実績では7年で考えると10倍になっています。

ぜひ、お試しを。

第4章

「普通」の社長像からの脱却!!マイペース&マイウェイ、そして普通じゃないことを意識

1　その「普通」は正解？　そもそも「普通」とは何

「普通」の意味を辞書で調べると、次のように書いてあります。

・いつどこにでもあるようなありふれたものであること。

・他と異なる性質を持ってはいないさま。

この「普通」は当然本人が身を置いている「環境」によってもありふれたものは変わります。ということは、人それぞれで身を置いている場所等の環境次第で「普通」に当てはまることも変わるのではないでしょうか。

昔は、髪型は坊主で決められた制服を決められた方法で着る、決められた時間授業を受けることが学生時代という環境では普通でした。

そして、その普通に従う理由がわからず、従わなければ「なぜ皆と同じように普通にできないのか？」と怒られます。

坊主にしなければいけない理由を先生や大人に聞いても明確な理由はもらえず、ただ校則だから従うのが普通と…。昔毎日お風呂に入ることが「普通」でない「環境」の時代では、頭髪にシラミが沸いて不衛生になるから坊主になったということもあります。

授業を受ける理由は「自分の未来の選択肢を増やすため…」「勉強の仕方を学ぶため…」と納得できる理由が今はありますが、「環境」が違う時代に坊主にすることが「普通」ということだけは納得できなかったことを思い出します。

〝普通＝どこにでもある＋ありふれた物の一部＋異なる特徴なし＝差別化なし〟

ただ、大人になるにつれ「普通」という言葉に抵抗が少なくなり、起業した創業当初は必死なので当然色んな勉強や読書を手当たり次第に行っていました。

そこで、「社長は強くリーダーシップを発揮するべき…」「会社は社員の満足度を高めるべき…」「お客様は神様…」「お客様の要望にＮｏと言わない…」と会社の規模・年数・社員数・業種・時代等、「環境」が違うことに気づかず社長としての「他社の普通」を学びます。

表面的なことしか理解できなかった当時、柄にもなく周りに弱みは絶対見せない、冗談も言わない、社員を喜ばせるためだけに根拠もなく手当を増やし福利厚生も増やす、飲みにも連れていき豪快なキャラを演じる、さらには社長同士夜の付き合いも大事と飲めないお酒を我慢しながら飲み歩く等々のことを行っていました。

そして当時の考えの中での社長としては、「普通」はこうあるべきと次のようなこともします。

・どこにでもあるように直売の塗装屋と言いながら依頼があると塗装に関連しないリフォーム等まで何でもやり何屋さんだろうという状態になる。
・業界では普通にありふれている極端な値引にも、今回頑張れば次は適正額いただけるという現実離れした妄想にすがり仕事を受注する。

・同業他社と異なることを明確にできないため、取り敢えず必死に仕事も付き合いも勉強も頑張って打ち込む。

こうして書き出すと倒産寸前まで追い込まれて当然だと今なら思えます。

2　他人の普通からつくった社長像からの脱却

倒産寸前の危機とこの世からの逃亡を家族の助けを貰って回避でき、気持ちが立ち直り会社は潰したようなものだ…と吹っ切れた後、ふと気づきました。

なぜ創業後3年もない会社なのに環境も規模も資金力も人員数も違う同業他社や大企業の他人の普通に拘っていたんだろう。

なぜ元々の自分の柄にもないキャラをつくるのに必死になって気力もお金もすり減らしていたのだろう。

どうしてせっかく起業したのに自分の考えよりも社長はこうあるべきと思い、他人の普通にすがっていたのだろう。

何事もやるからには楽しもうと思っていたのに、いつから仕事が面白くなくなっていたのだろう。

理想の妄想を実現したく意気揚々と起業したのに、いつから逃げたくなるまで苦しくなっていたのだろう。

と思い始め、ついには今までの考えが馬鹿らしく思えました。

3　最終的に一切の責任をとるのが中小零細企業の代表取締役

家族に誇れる仕事がしたい、自分がしたいと思った妄想を実戦の場で実践と改善を繰り返し少しずつでも形に変え、世間から支持を得た対価が売上に代わる。

どこにでもあるありふれた会社なら、なくなったとしても、世間は同じような同業他社を利用することで事足りますが、そんな存在価値は嫌です。そんな自問自答を繰り返しました。

4　「自社の普通」へマイペース＆マイウェイでよい

たどり着いた自社の普通にしたいことは次のことでした。

・家族に誇れる仕事をしたいと思っているという旗をたて、それに賛同してもらえるスタッフとお客様がいればいい。

・強引に急激に売上を上げても今の力ではコントロールが難しい、それならアメーバのように増殖するイメージをマイペースとしよう。

〔図表 19　キャラ〕

〔図表 20　キャラ〕

〔図表 21　キャラ〕

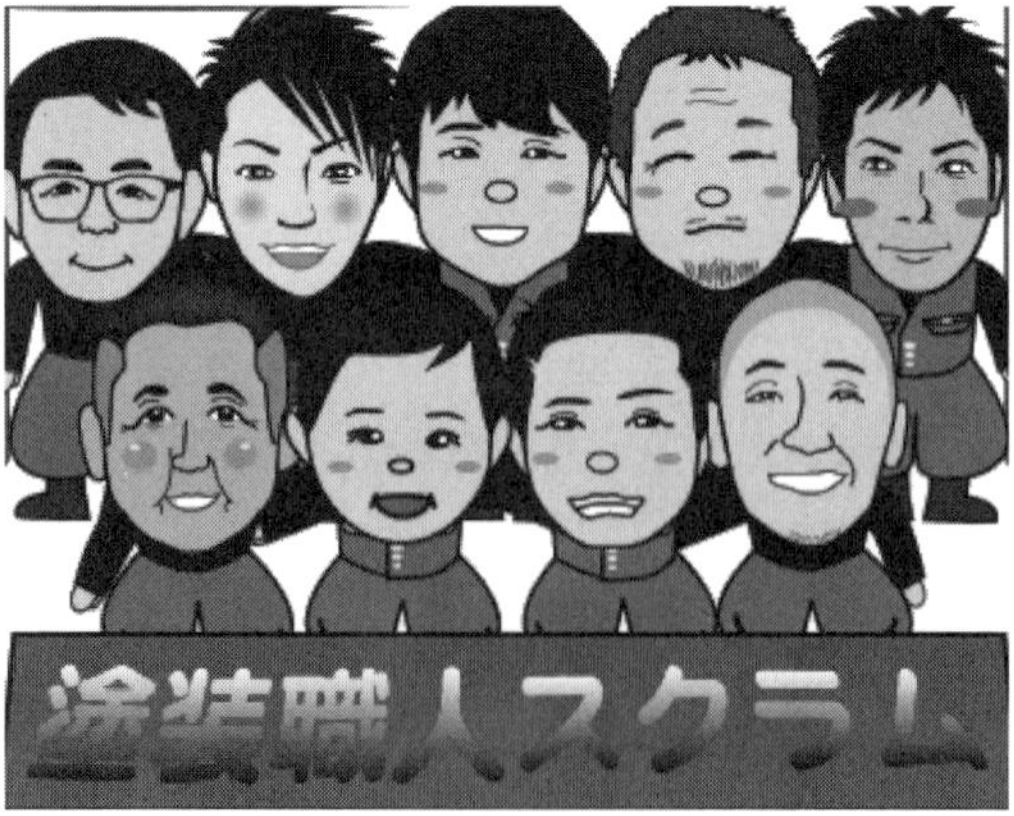

・強引に急激な売上拡大をするよりもお客様の支持を得ること、お客様の支持を増やすことを優先にしよう。
・また一切の最終責任は取るから他人の普通に捕らわれず自分のしたいこと、思い描く妄想を現実にしていこう。
・大事な時間と気力とお金を費やしてまでストレスを感じることはやらず付き合わずはっきりと差し支えない形で断りいい人を演じるのを辞める。
・本業と本業に関連すること、本業の未来に繋がることだけに絞り極めることに集中しよう、そしてまずは地域Ｎｏ１になろう。
・経営の勉強も手当たり次第でなく、同じような環境を経験した人、同じような考えやタイプの実践者に絞ろう。

次第にやりたいこととやりたくないことが明確になるにつれ、ワクワクしている自分に気づきます。そして他人から見たら普通じゃない「自分の普通」を貫くためにはどうすればよいかと考えると色んなアイデアが沸いてきます。

この時期に生まれたのが、前章で登場したチラシ兼用名刺（図表１）や大きな御礼ハガキ（図表５）、勝手に報告新聞（図表８・10）。また歩き始めた頃の長男の写真をモデルにした弊社キャラクターでした（図表19～21）。

5　他人や他社の普通でなく、自分の普通を意識し常に実践

今では物を購入するときも「他人の普通」では満足できなくなってしまい、またワクワクもしなくなり、さらには店員さんから「普通は…」と言われると「ではそれ以外の物を…」と言ってしまうようになりました。

代表がそのような、考えなので当然社内にも感染するかのようにジワリジワリ蔓延していきます。

普通じゃないことを意識したお歳暮

取引先に送るお歳暮等にしても、デパート等で販売されている普通の品では満足も面白くもありません。自社に還元される確率も少ないでしょう。そのため、普通にはお歳暮品に対応してない商品でも対応をお願いすると、意外にもなるほどと快く対応していただけます。

例えば、社員さんや来店者等が多い取引先や女性経営者さんの会社には全員が楽しんでいただきながら、弊社を担当者さん以外にも覚えていただけるようにアレンジ花等にお歳暮等の札だけを作成して付けていただき届けていただきます。

その結果、取引先の社員さんから仕事をいただいたり、届けていただいている花屋さんにも届けた先からの仕事が増え、その結果弊社にも仕事をいただけたりと嬉しい連鎖が増えて行きます。

普通じゃないことを意識したお中元

さらに業種的に熱中症対策を必要とする協力業者さんも多いので、おしゃれでカッコよいパッケージで社会貢献にもなる塩飴「ソルティス」という商品を特別にお中元仕様にしていただき、熱中症対策が必要そうな取引先様へ発送していただいております。

その普通じゃない行動を実践した結果の繋がりが元日本サッカー代表の巻選手に本書の表紙で推薦もいただけた結果にも繋がります。

種明かしをすると、塩飴「ソルティス」を提供されているのが日本スポーツ団体熱中症対策推進会という社団法人であり、その代表理事を巻選手のお父さんがされている団体だったのです。

特別にお中元で対応していただく交渉や数をお願いする中でお父さんに可愛がっていただき、その後巻選手本人ともお会いする機会が数回あり熊本地震の災害支援の際も連絡を取り合い連携させていただいたりしておりました。

そして出版が決まり、少しでも本書が役立つと思っている方々へ届く確率を上げるため、表紙で写真付＆推薦付きで協力いただけないかＬＩＮＥでお願いすると、「大丈夫ですよ」「ぜひ」と有難い２つ返事の返答をいただき、嬉しさと中途半端な本にはできないと覚悟も深まりました。

こんな嬉しすぎる結果が出てくると「他社の普通をしないことが自社の普通」と意識して実践を積み重ね改善を繰り返すと周りが喜びその喜びの大きさや数が一定を過ぎると自分たちにも還元されるんだと自分勝手な確信に変わり、仕事でも会社のサービスも考えも社風も業界の普通とかけ離れていきます。

6 差別化レベル1（普通）×努力レベル100％＝売上変換率100％？

なにやらゲームみたいな表現になってきましたが、学がない分難しい表現や難しい理論は苦手でゲーム等に置き換えないと表現できないことをお許しください。

差別化レベル1とは、倒産寸前に追い込まれる前の他人の普通に捕らわれていた時代の弊社だとします。

当然他社の普通、業界の普通に捕われておりますので、同業他社さんと差別化になるような異なるサービスや特徴がないので差別化レベルは1です。

そこで売上を上げるためがむしゃらに100％努力したとし努力レベル100％とします。

結果、「差別化レベル1×努力レベル100％＝売上変換率100％」。当たり前ですが100％だけが売上に変わります。

しかし現実的に考えると、努力がすべて売上に変わることはあり得ません。なので、次のような公式も出て来てしまいます。

【差別化レベル1×努力レベル100%×売上への照射レベル20%＝売上変換率20%】

要は努力している、頑張っている割には20%しか売上に反映されない恐ろしい現象が起こります。売上への照射レベルとは、中小零細の社長業を行っていると売上をつくるための営業や集客業務や現場作業以外にも、夜の付合いや色んな会合、さらには社内の環境整備、社員教育、経営の勉強等々、自社の「今の環境」に目を向けず自分で仕事を増やし、頼まれ事は試され事等を表面だけ真に受け努力と時間を分散する割合です。

恐らく色んな普通に捕われ、努力する方向性を見失っていた昔は、差別化レベルも1のまま、売上への照射レベルも10%位だったような気がします。

その後自社と他社の「環境」の違いを理解し初め、まずは「他社の社長の普通」でやらないこと等を増やしていった結果「売上への照射レベル%が増えて行き、それに伴い差別化レベルUPの前でも売上が伸びたんだ」と今では客観的に考えられるようになりました。

努力し、長時間頑張っているのに売上に反映されず、経営が苦しいと思っている社長には、自社を守り自社を存続させ続けるのは社長の自分しかできないことを肝に銘じてください。

ぜひ騙されたと思って図表22、23に自社を当てはめ客観的に「自社の環境と現状」を数値化し、やらないことを1つでも増やし、売上照射レベル%をあげる決意をしていただき、その努力が少しでも売上変換される社長が増え、日本を支える元気な中小零細企業の社長が増えるきっかけになれ

〔図表 22　照射率 49%図式〕

～売上変換率計算表～

＜努力レベル＞ 100%(❸)

※主に仕事に向合う時間と仮定

❶. 1日8時間×5日=週40時間

❷. 1日12時間×6日=週72時間

❸. 1日14時間×6日=週84時間

❶と❷では【2倍の差】
同じ1週間でも
仕事にかける時間は2倍

仕事に向合う時間を増やし
さらに時間密度をUPする事で
努力レベルUPを目指す。

時間密度UP方法

* 業務を細分化し、少しづつマニュアル化
* スタッフに任せる部分を少しづつ増やす
* 同じ作業への必要時間を短縮する（スキル・道具・テンプレート化の向上等による）
* 高速・新幹線・飛行機等を活用する（車で4時間より、仕事もできる新幹線で1時間半）
* 相談・確認・報告・共有方法のルール化（電話は時間を取られる為、緊急時以外LINE使用等）
* 朝や夜中の集中出来る時間の活用（自分にとって作業効率が良い方）

×

＜売上照射率＞ 49%

※下記項目は弊社の場合※
職種と会社ステージによって項目と%は変動

週84時間振分項目	振分時間	照射ポイント	照射獲得%
*強み分野での周知・集客活動（強み=適正利益を頂けると定義）	週12h	30P	12%
*強み分野での契約・施工活動	週21h	30P	21%
*直近改善点の勉強やセミナー	週4h	15P	4%
*社内ルール・マニュアル等整備	0	10P	0%
*弱み分野での周知・集客活動（弱み=低利益しか頂けないと定義）	週12h	2P	2%
*弱み分野での契約・施工活動	週21h	2P	2%
*ターゲット層が合う交流会	週2h	10P	2%
*直近に必要ない勉強・セミナー	週4h	2P	2%
*付き合いの集まり・交流会	週4h	2P	2%
*付き合いの2次会	週4h	2P	2%
売上照射獲得%合計		49%	

各項目や各売上照射ポイントは
職種や会社のステージによっても変動しますが
客観的に自社を見る一つの参考にお使いください。

=

＜売上変換率＞ 49%

〔図表 23　照射率 70%図式〕

～売上変換率計算表～

＜努力レベル＞ 100%(❸)

※主に仕事に向合う時間と仮定

❶. 1日8時間×5日=週40時間

❷. 1日12時間×6日=週72時間

❸. 1日14時間×6日=週84時間

❶と❷では【2倍の差】
同じ1週間でも
仕事にかける時間は2倍

仕事に向合う時間を増やし
さらに時間密度をUPする事で
努力レベルUPを目指す。

時間密度UP方法

* 業務を細分化し、少しづつマニュアル化
* スタッフに任せる部分を少しづつ増やす
* 同じ作業への必要時間を短縮する（スキル・道具・テンプレート化の向上等による）
* 高速・新幹線・飛行機等を活用する（車で4時間より、仕事もできる新幹線で1時間半）
* 相談・確認・報告・共有方法のルール化（電話は時間を取られる為、緊急時以外LINE使用等）
* 朝や夜中の集中出来る時間の活用（自分にとって作業効率が良い方）

×

＜売上照射率＞ 70%

※下記項目は弊社の場合※
職種と会社ステージによって項目と%は変動

週84時間振分項目	振分時間	照射ポイント	照射獲得%
*強み分野での周知・集客活動（強み=適正利益を頂けると定義）	週24h	30P	24%
*強み分野での契約・施工活動	週42h	30P	30%
*直近改善点の勉強やセミナー	週4h	15P	4%
*社内ルール・マニュアル等整備	週12h	10P	10%
*弱み分野での周知・集客活動（弱み=低利益しか頂けないと定義）	0	2P	0%
*弱み分野での契約・施工活動	0	2P	0%
*ターゲット層が合う交流会	週2h	10P	2%
*直近に必要ない勉強・セミナー	0	2P	0%
*付き合いの集まり・交流会	0	2P	0%
*付き合いの2次会	0	2P	0%
売上照射獲得%合計		70%	

各項目や各売上照射ポイントは
職種や会社のステージによっても変動しますが
客観的に自社を見る一つの参考にお使いください。

=

＜売上変換率＞ 70%

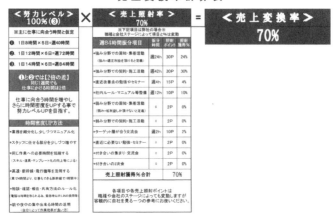

ば嬉しいです。

結果には必ず理由があります。経営難も必ず理由があります。そして解決できる理由も必ずあります！

学もお金もコネもなく、不器用で人見知りで何もかも中途半端な男だからこそ、お役に立てることもあいつにできたのだからと奮い立っていただけることも思い留まっていただけることもあると思います。

売上照射率に興味を持ち実践してみたいが、図表だけではなかなか実践できそうにないと思われた方には、エクセルデーターと取扱説明書も差し上げますので、必要がある方は遠慮なくメールをください（【最終章おわりに】の部分で読者様感謝特典にて受取方法を記載しております）。

これから更なる困難とも戦う自分がいうのは生意気ではありますが、ぜひ共に攻略方法を試し実践し改善を繰り返しアレンジし実戦の場を楽しみながら社長人生を楽しみましょう。

7　差別化レベルＵＰで売上変換率もさらにＵＰ！

さらに努力や頑張りを売上に変換するために取り組んだのが、差別化レベルのＵＰです。

レベルＵＰに取り組んだのが第３章で述べた「ＴＴＰＡ」です。

重要なところなので、再度ＴＴＰＡとは、次のことです。

❶「T」＝他社から（お客様から多くの支持を得て稼いでいる同業社&他業種の企業）
❷「T」＝徹底的に情報収集して比較し
❸「P」＝パクる
❹「A」＝アレンジ（違和感を感じる部分やサービスにアレンジを繰返す）

まずは気づかない内に差別化レベル0や差別化レベルがマイナスになっていては大変なことになるので「同じような環境」の同業他社さんの良いところやお客様から支持を集めているサービス等で、費用がかからないか少なくて済むもので、自社でも実践しやすいことから徹底的にパクります。

そして自社で実践を繰り返し違和感を感じる部分を自社の考えや社風に合うようアレンジして実践、そしてまたアレンジを繰り返します。

すると、最初は完全なパクリだったとしてもアレンジをかけ合わせるごとに同業他社さんと「似たような」サービスやツールに進化していきます。

当然全く同じではなくなるので、少なからずオリジナルになり、さらには差別化レベルUPのための経験値獲得に貢献するようになります。

同業他社さんからのTTPAの実践に慣れてきたら、次はお客様に支持を得られるような業界の普通や、お客様が不快や不便又は不安に思っている業界の普通を崩すために、他業種からのTTPAの実践に取り掛かります。

このとき、個人的には妄想が非常に役立つと思っておりますので、妄想が苦手な方は「第3章の妄想の❶❷❸」を再度参考にしてください。

業種にもよると思いますが、恐らく同業他社さんと他業種からのＴＴＰＡを実践し改善を繰り返していくと、１年〜３年で業界では普通じゃない変わった○○屋さんとして認知され始め、いつの間にか差別化レベルもＵＰしていると思います。

ちゃんとお客様に支持される点で差別化レベルがＵＰすると、当然次の図表25のようになっていると思います。

こうして図表を見ると簡単そうに思え、自分でもできそうと思えるのは私だけでしょうか。しかも実践するのは０から何かを生み出すわけでもなく、ＴＴＰＡの実践だけ…。

ＴＴＰＡを実践せずとも順風満帆に経営をされている社長や既に実践されている社長も多くいるかもしれませんが、経営が苦しい、頑張っている割には先行き不安だと思いながらも実践してないと思われた社長！

まずは本書のここまでを読み返しながら当時23歳で起業した若造が歴戦の猛者たちが砦を既に築いている経営という実戦の場に飛込み、もがきながら試行錯誤しながら実践し結果に繋がったことを公開している本書と一緒にやってみませんか？

さあ、立ち向かうカッコいい後姿を、一生懸命なカッコいい大人の後ろ姿を大切な家族や社員、取引先、お客様へそして次世代の子供たちに見せつけてやりましょう。

〔図表 24　差別化レベル１照射率 70%図式〕

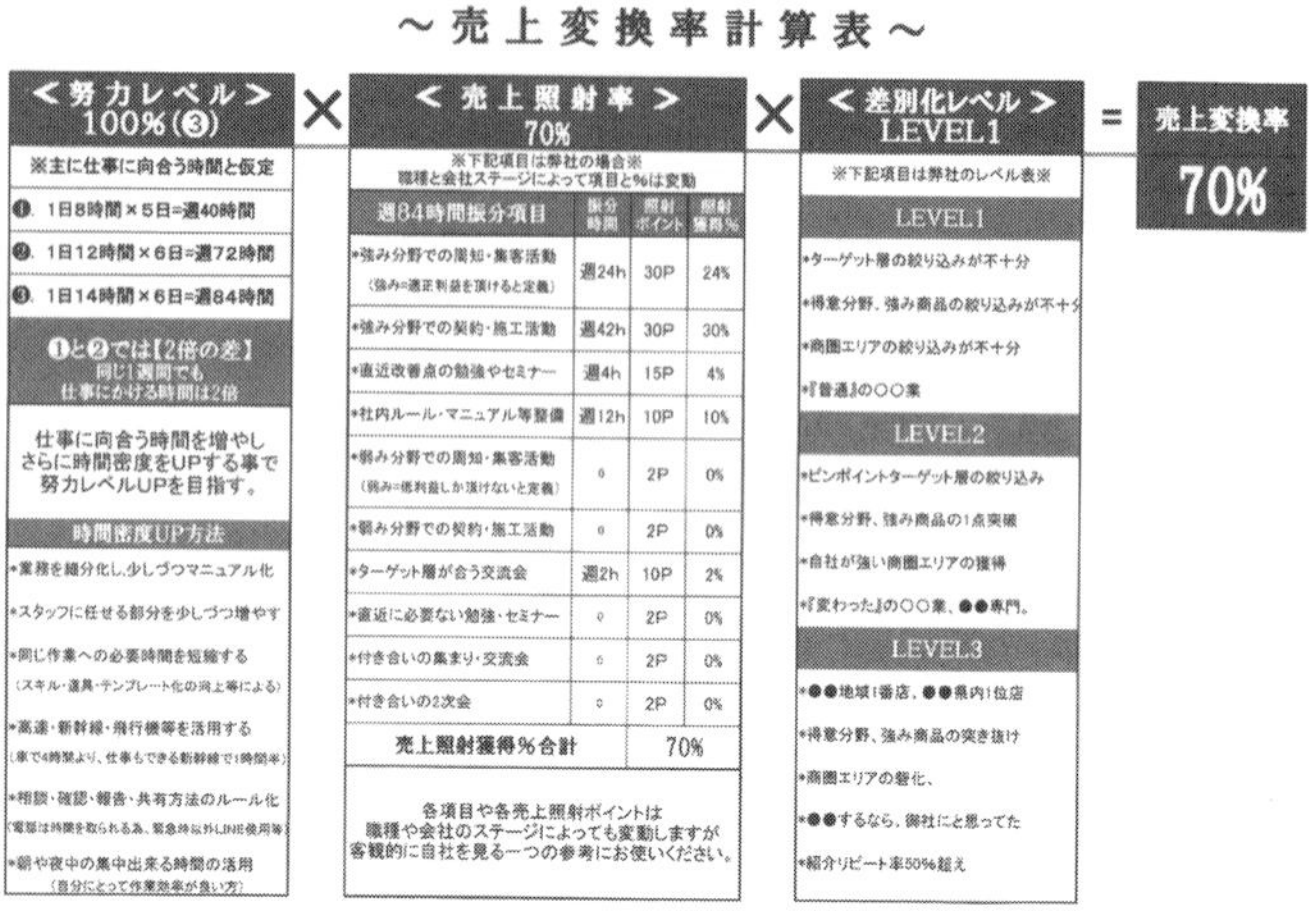

〔図表 25　差別化レベル２照射率 70%図式〕

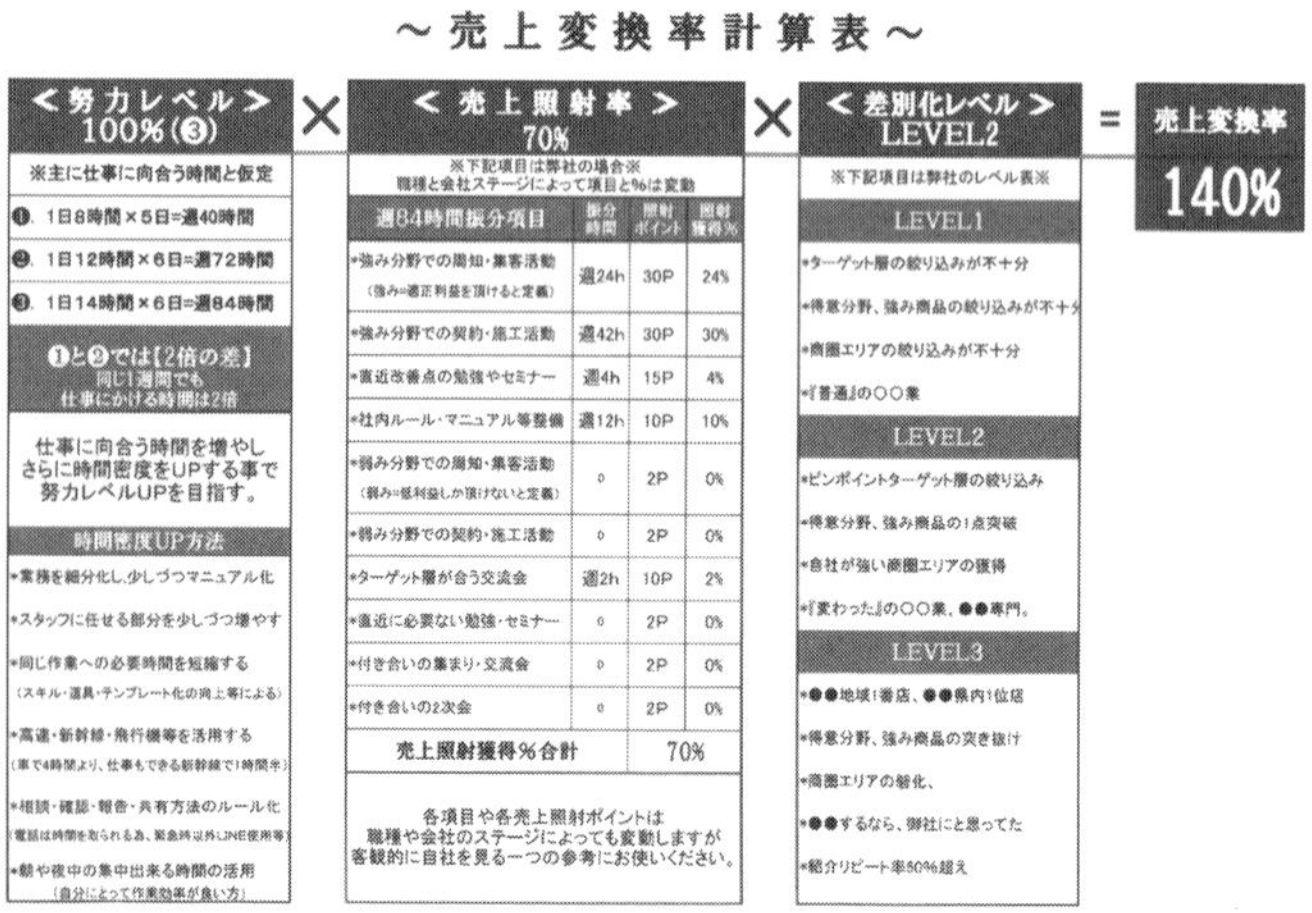

そして３Ｋ職種ともし言われた業界の社長であるならば、今までの３Ｋとは別に、自社は〝カッコいい〟〝稼げる〟〝家族に誇れる〟「新しい３Ｋ企業」と胸張って言えるようにしませんか？

8　さらなる差別化レベルＵＰ手法例❶

プレスリリースへの挑戦❶

「プレスリリース」という言葉を聞いたとき、全く意味がわかりませんでした。

意味を調べると、報道機関に向けた情報の提供・告知・発表のこととなっております。

報道機関と聞くと全国放送のテレビや全国紙の新聞等をイメージしてしまい、そんなの現実的に可能か？　と不安がよぎりましたが、よくよく勉強すると、地域の新聞や各業界の専門新聞や地域のテレビに取り上げていただくための方法もあるではないですか。

しかも無料!!

これは実践しなきゃ損！　と興奮したのを思い出します。

勉強不足な状態で最初に実践したのは、近所の公園がいつも地域住民の奉仕活動でキレイな状態なのに、トイレの外装だけがとにかく汚く痛んでおりましたので、そのトイレ塗装。

早速役所に電話をかけボランティアで行うことの許可をとります。

そして「お近づきのしるしに公園トイレをボランティア塗装」と気持ちをハガキにそのまま手書

〔図表 26　トイレ塗装掲載記事〕

平成16年)10月4日　月曜日　新聞

お近づきのしるし
公園トイレを塗装
鹿児島市西陵五丁目に

た塗装・防水専門業者が専門の腕を生かし、西陵

壁を洗浄・塗装した＝写真。地域の人たちへの「お近づきのしるし」。

一日までの三日間、ボランティアで行った。高圧洗浄機を使って水洗いし、丸一日乾燥させた後、青色の塗料を塗った。吉松良平営業主任は「住民のみなさんに気持ちよく使ってもらえたらうれしい。今後も、年に数回ずつでも他の公園の遊具など塗装していきたい」と話した。

大波小波

い曲調に乗って上級生はかわいしく手足を動かし、会場をわかせた。

興組合が地域への愛着をめてもらおうと四年前に作。公募した歌詞に曲とり付けをつけた。校区夏りなどで踊っている。同六年生も五年生のとき、合的学習の時間で振り付を学んだという。

運動会前のけいこには、六生が指導に加わった。一生にも手ほどきした。ぐみさん(一)は「手の動し方などが難しいけど、の分とても面白い」と全での踊りを楽しんだ。

「子に向き合って」

不登校やひきこどの当事者や親をした「親子の不安解消ために」シンポジウム・個別相談会が三日、鹿児島市のかごしま県民交流センターであった。日本

ついて相談を受けく、子供と一緒に解決する経過が大事。子供にしっかり向き合って、説得ではなく納得できる話をして」と訴えた。

体験発表では、娘が中学校時代に不登校になった県内女性が「子供は必ず一歩踏み出す時期が来ることを忘れないで見守って」とアドバイス。中学校時代のいじめで幻覚や幻聴に襲われ自殺未遂を繰り返したという福岡県の女性は、沖縄のフリースクールでの出会いから回復

社名が掲載されていないのに、今までのお客さまから「新聞みたよ」「いい事してるね」「読みながらほのぼのした気分になった」等‥の、たくさんのお声にさらに驚きと感激！！

これからも、応援していただけるようスタッフ一同がんばります。

きで書き、実施日と連絡先や会社名、担当者を記入し地域新聞社にとりあえず送付するという、今考えればプレスリリースの礼儀を無視する形ではありましたが、取合えず実践を行いました。

その結果、偶然にも事務所と公園の近くに住む記者さんが取材に来て下さるという連絡があり、小さなコーナーで勿論社名等の公表もない形でしたが新聞に取り上げていただくというミラクルな結果になりました。

正直この掲載では直接的な売上には繋がりませんでしたが、掲載新聞を見て気づいていただいた今までのお客様から嬉しい電話をもらったり、さらには図表26のような資料ツールとして有難く活用させていただいたり、また自社でも掲載いただけたことに少なからず自信に繋がりました。

プレスリリースへの挑戦❷

その後、仕事もスタッフも少しずつ増え、会社にも少し資金の余裕ができたある年の12月初旬、例年通り1月の予約が少ない上に年をまたがせていただける現場予約が発生せず、社員が1月前半は1週間程遊んでしまう可能性が出てきました。

そこで社員が遊ばないように提供できそうな仕事を考えます。事務所や置場の掃除やメンテナンスは1日あれば十分、事務所での事務作業は現実的ではないですし…。

塗装屋なので、在庫として塗料は建物1棟分塗る位の量は十分ある、その技術も勿論ある。

どうせ遊ぶならボランティアで塗装しよう。時期も12月後半からになるなら、「塗り替えサンタ」

というネーミングでボランティアすることを社内決定。

早速何処にプレゼントさせていただくか検討し、事務所と同じ地域内にある児童福祉施設さんへボランティアで塗装させていただけないか提案すると快諾いただき実践することになりました。

ただ、塗替えサンタとして活動させていただくにあたり、工事期間中のクリスマスに塗装以外何もないのは子供たちはどう思うんだろうと不安になるも、31人もの子供たちへのプレゼントを1社だけで準備するのは正直きついです。既に協力価格をいただいてる足場屋さんや材料屋さんにこれ以上の負担はかけたくない。

そこで、加盟させていただいている中小企業家同友会事務所に相談すると、県内の会員に協賛を呼びかけていただき、その結果約31社もの協力をいただき、作業着からサンタの格好に着替え、大きなクリスマスプレゼント用の袋2つ抱え子供たちも喜んでもらい、嬉しすぎる子供たちからの御礼（図表27）までもらって、逆に感謝でした。

ただ、沢山の方に協力をいただいた手前自社が作成する資料以外にも報告の形があればと思い、お客様で新聞社にお勤めの方に御連絡を差し上げ事情を説明すると、大きく取り上げていただきました（図表28）。

正直なところ、プレスリリースへの挑戦❶も❷も世間一般的なプレスリリースノウハウとは違います。しかし、何かしら実践を行うことで上手くいく行かないも含め必ず何かしらの結果と経験に繋がります。

〔図表 27　子供たちからのお礼〕

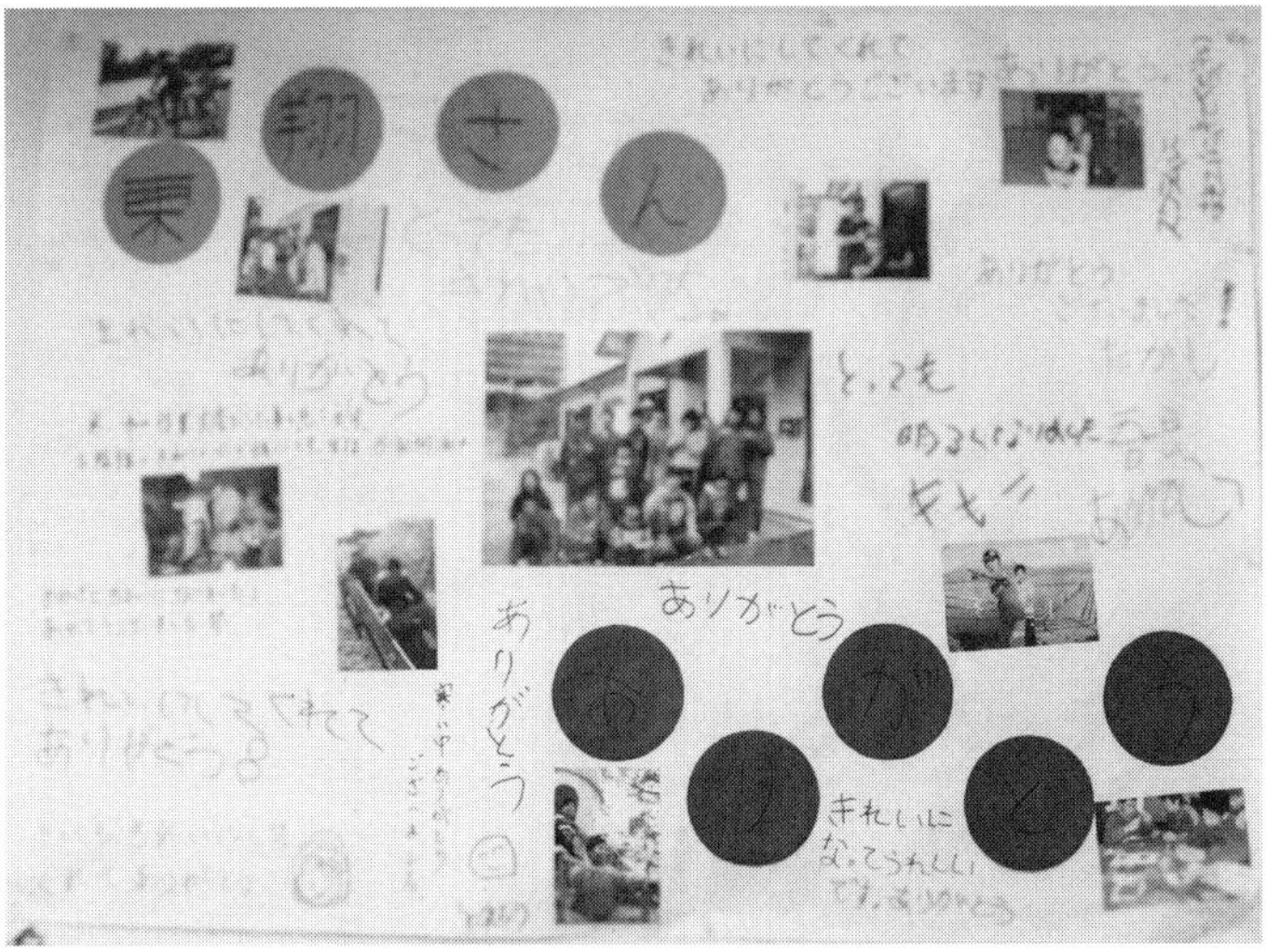

〔図表 28　塗替えサンタ掲載新聞記事〕

新聞掲載記念

平成23年（２０１１年）１月４日（火）朝刊

専門の腕生かし塗装工事
30業者、福祉施設で奉仕

鹿児島市の塗装・防水業者が専門の腕を生かし年末年始、ボランティアで児童福祉施設の屋根や外壁の塗装工事をしている。１社で始めた地域奉仕に、県内の中小約30社が賛同し、善意の輪が広がった。施設では「信じられないプレゼント。本当にありがたい」と感謝している。

２００４年から活動を続ける同市西陵５丁目の「東翔」が昨年末、西陵１丁目で障害児学童保育を行う「[illegible]」の建物を塗装することにした。話を聞いた仲間の業者間で協力を呼びかけたところ、足場の架設や塗料の提供、あんまんのクリスマスプレゼントなどの申し出が相次いだ。

12月下旬に足場を組み、屋根と壁を高圧洗浄機で水洗いするなどした。塗り替える作業は、１月15日ごろ終わる見通し。

[illegible]は１９８９年から運営。現在、小学３年～高校３年生31人が通う。10年前に新築移転した後、資金不足で外壁塗装などは手つかずだったという。

職員の[illegible]さん(52)は「忙しい時期で、かなりの額もかかる仕事。目を向け声掛けされたことがうれしい。どこかに神様はいると思える、すばらしい年明けです」と話した。

施設の屋根を高圧洗浄する塗装業者の社員ら＝鹿児島市[illegible]丁目の学童保育「[illegible]」

新聞社

よろしければ共に足掻きましょう。
※世間一般的な正式なプレスリリースの手法は、インターネット検索でも最低限は閲覧でき、専門書籍等もございますので、そちらも実践される前に勉強されることもおすすめします。

9　さらなる差別化レベルUP手法例❷

次の質問はちょっとキツイかもしれませんせんが…。

自社（御社）は世間にとって必要な会社ですか？　なくなって〝本当〟に困るお客様がいらっしゃいますか？

昔、この質問をされたとき、ドキッとしました。まだ差別化レベルが低い当時、塗装防水専門と塗装屋としては当たり前な部分に防水だけプラスした程度でした。

一般のお客様への直売で直接施工をメインに活動するも、今みたいに建物の外装の塗替えだけの塗装に特化した直売の塗装屋と言い切れず、知人の会社から下請工事を受けるも工事代金の不払いを受けたり、得意でない店舗内部塗装の下請工事では工期も極端に短く昼も夜も突貫で工事をしても当たり前な仕事はできない上に、さらに元請けさんからの急な変更でスタッフにもさらなる無茶をさせた結果、ストライキ…。

さらには、勉強会で一緒になり可愛がってくれていた後継者の方からの紹介で受諾した特殊な公共工事の下請工事では、経験不足や知識不足からくる自信のない対応やプロとしての提案ができず、結果社長に喜んでもらうことは勿論できず、紹介してもらった後継者の方の顔を潰す始末…。

このようなときに出された質問でした。

そして必死になって考え、塗装という分野だけでも勿論幅は広い、その中で知識や技術に自信がない分野や実際に依頼者に喜んでもらえない分野、さらには社員や会社も喜べない分野をまず細かく分け、その上で依頼者に喜んでもらい、驚いてもらい、感動いただけるような分野は何処かと考えて行きました。

その結果、当時の弊社戦力は一般戸建住宅等の外装塗替えに特化したほうが力を最大限に発揮でき、依頼者に喜んでもらえることを最低条件に驚いていただけるだけのサービスを提供できると考え抜き、当時の絞り込みの結果が次の点です。

・基本新規の下請けは今後一切行わない。
・塗装防水工事に関連しない工事は行わない。
・直接受注の一般戸建て住宅の外装塗替えだけに特化する。

という1点にだけ尖がり、当時の業界では普通でない生意気な変わった塗装屋にさらに生まれ変わりました。

当然、実現・維持・支持を増やし成長させてもらうために、また色んな実践を行うことになりますが、その点に関しては次章から詳しく公開します。

さらなる差別化レベルUPに挑まれる方や必要に迫られている環境の方はぜひ、自社（御社）は世間にとって必要な会社ですか？　なくなって〝本当〟に困るお客様がいらっしゃいますか？。この質問と向き合い鋭くより鋭く尖がり、小さくより小さな1点専用に特化し差別化レベルのさらなるUPのお役に立てていただけると嬉しいです。

そして急な方向転換はせずとも、少しずつ1歩ずつでも、

・○○のようなお客様（□□で困ってるお客様）は自社がなくなると困るはずと言えるようになり

・△△地域の○○のようなお客様（□□で困ってるお客様）は自社がなくなると困るはずになり

・△地域で△で困ったら（悩んでいたら）□□専門店の御社にと思っていたと言われるようになるために、とにかく〝時間〟〝資金〟〝人的労力〟等の戦力を□□専門事業部の売上照射率が高変換率になるように細分化した仕事の項目に絞って振分し、〝□□だけ〟は知識も技術もサービスも負けない自信があると言える社長が増えていただけると嬉しいです。

とにかく□□（よりニッチにマニアックに）なら、△△地域1番店といえるようになりさえすればいつの間にか差別化レベルも上がり、それに伴い売上変換率も努力以上の返還率に変わっていると思います。

少しでも現状から変わりたいと思っている場合、ぜひ騙されたと思ってコツコツと〝まずは実践〟してみてはいかがでしょうか。

〝すべては実践するかしないか〟で変わると思います。

第5章

弱点や他社より
劣っている箇所
＝
やらないことにして
強みに変える

1　競合他社より劣っている商品やサービスなら いっそのことキッパリ切り捨て強みのみでの1点突破

もしかしたら「定食屋さん」で提供商品が多数あれば、その中で材料処分になり損害になる確率が高い1つの「料理」の提供を切り捨てることなら大きな覚悟をしないでもできるかもしれません。

しかし、「日替わり定食」以外の提供を切り捨て「日替わり定食」専門店に舵を切り替えるには大きな覚悟は勿論、大きな不安に迫られると思います。

ただ、全提供商品の商品ごとの各売上割合と各利益割合を調べた結果、売上と利益の7割以上を「日替わり定食」が占めていたとしたら間違いなくその「定食屋さん」のお客様から支持を一番得ていて、競合他社より優れている商品は「日替わり定食」ということに反論は少ないと思います。

売上も利益も「日替わり定食」から7割以上得ているのですから、当然と言えば当然ですよね。

さらに、その当然なことに気づいた「定食屋さん」が一番の強みである「日替わり定食」専門店に舵を切り直してから3年間「日替わり定食」関連商品の進化やさらなる強化のみにすべての力と考えと時間と資金を投入し、他業種も含めたTTPAの実践&改善を繰り返し、「原材料まで地産地消」というキャッチフレーズの「日替わり定食」専門店。

さらに拘りの専門店だからこその

「健康＆家庭的な和食日替わり定食」

「低糖質＆低カロリーの洋食日替わり定食」

「郷土料理の日替わり定食」

「限定○食の超高級日替わり定食」

という業界では明らかに普通じゃない異質なスタイルに生まれ変わりました。

　どうですか？　実際にこんな定食屋さんがあれば食べてみたいと思いませんか？

　また、このような定食屋さんがあれば明らかに稼いでそうじゃありませんか？　そして経営を楽しんでそうですよね。

　さらに、もしとにかく「飲食」で稼ぎ続けられる確率の高い独立をしたいと考えている方、または既に独立しているが、家族を守り続けるためもっと稼ぎたいと悩んでいるときに先程の日替わり定食専門店がＦＣ展開をはじめたら加盟を検討してみたくなるのは私だけでしょうか。

　実は、この例え話は「」の部分だけを変えれば弊社が試行錯誤しながら実践し取り組んでいることに変わります。

　意外と他業種に自社を置き換えると面白くいろんな発見や業界の普通に捕らわれず別の視点から今までにない見方もできるので、ぜひ「」を入れ替えた自社の例え話を考えてみてはいかがでしょうか？

　事業戦略を立てる際にもおすすめの〝妄想力〟。イメージできることは実現可能だと思います。

2　商品やサービスの仕事を絞るのは不安？

その気持ち同じだったのでわかります。しかしそのような場合は、先程のように商品ごと、サービスごとに売上と利益割合を数値に替えてみると判断しても、影響が少ないことがわかります。

不安の理由がわかれば、不安な部分が具体的に数値に変われば、確立に変換できれば不安が不安でなくなる場合もありますよ。

売上と利益に変換しにくい仕事に関しても、時給に変換しその費用対効果を数値にしてみてはいかがですか？

3　なんでもやることで顧客の支持を失う？

売上を増やすため他社と同じようになんでも扱うようになると、他社と同じ普通になっていきませんか？

普通ではないこと、周りと逆を考え、時代に逆らい、他人の普通とは逆を、たまには今までの自分の普通を疑い、新たなマイウェイ（自分の道）をいきませんか。

情報発信や情報収集が、企業側もお客様側も行いやすくなってきた現代、同じような商品やサービスで同程度の価格の場合、なんでも屋さんで買いますか。それとも専門店で買いますか。貴方ならどちらで買いますか。

よろしければ〝自分が○○（お客様・取引先・社員・先代・憧れの経営者等々）だったら…〟このフレーズは客観的に自社を見つめ直したり、お客様からの目線を〝妄想〟するのに非常に便利な妄想スイッチですので使ってみていただければと思います。

4　戦力が増えるまでは○○専門で戦力集中の一点突破

会社の戦力には、経験、知識、年数、資金、時間、売上集客の仕組み、強み、人員、教育制度やマニュアル等々等多数あり環境等により必要なものも変わると思いますが、戦力はどんな企業でも必ず限りがあると思います。

勿論戦力が少ない内はいろんな方向に戦力を分散し、どの方向も微力な戦力で戦いを挑むよりもまずは鋭く小さく戦力集中した一点突破のほうが何とか勝てそうじゃありませんか。

そして戦力が充実したら、別屋号で○○専門も面白くありませんか。

法人名とは別に〝屋号（事業部名）〟は複数つくることも簡単にできます。

事実飲食業等でも各○○専門店等の複数屋号で展開していても、本部は１つの法人というのはよくある話だと思います。

ちなみに、弊社が塗装屋であるにもかかわらず法人名を株式会社TSグループで登記したのも〝直売の塗装防水専門事業部 東翔〟〝塗装職人専用直売支援FC事業部 塗職®〟〝レトロ&古民家風賃貸min〟等の各専門屋号での展開を視野にいれてのことでした。

「戦力を整えるまでは、勝ちやすい場所でのみ戦いを挑む」実戦の場では、生き残ることこそ勝者になる最低条件ですので、1番になりやすい場所（商品やサービス）にまで絞って、専門店の複数展開がおすすめです。

5　船も車も会社も急なハンドル事故の元

今までなんとかしたいが実践されてなかった社長で、少しは実践に踏み出そうと思っていただけた社長が出たことを想定して、実践される覚悟を決めた勇敢な社長へ、会社の体力や戦力が少ないときの急な舵切りは事故の元ですので、実際の環境や状況にもよりますが、1年〜3年かけて1つずつ実戦の場で実践と改善を繰り返し経験値を増やしながら進路変更されることをおすすめいたします。

実際に周りで急ハンドル切ったなと思った会社は、高確率で倒産しております。

社長自身の1つひとつの判断で会社という船の進路も変わっていきます。

やることとやらないことを明確にしながら、目的地と到着期日を明確にして目的地に舵を切りながら、たまに補給のため上陸し鋭気を養い、そこで新たな発見や知識や御縁と出会い学び、船自体も備蓄量や身を守り続けられるよう戦力や規模、装備も増やし改良していき、人員も少しずつ増やし、訓練しながら進路を進みませんか。

目的地が変わることはあっても、目先の天候は目まぐるしく変わって流れていっても、嵐が来たとしても、目的の大陸がなくなることはめったに起きないと思います。

6　商品やサービスはそのまま提供先の〝新分野〟を増やして新たな売上UP

本書の読者の方には恐らく既に○○1本で事業を行っている技術職系や生産職系の方もいらっしゃると思います。そういう方にこそぜひ読んで欲しいと思っていますので、実際にお話したことのある内容と体験と若干妄想をかけ合わせて公開させていただきます。

「建設」業界の中に「シーリング屋さん（※注コーキング打ち専門業）」という業種があり、下請けが業界の普通で、同業者も下請けで事業活動を成り立たせている会社ばかりです。

当然、業界の普通なので違和感も感じず必死に元請け会社の、要望に応え売上をつくり続けるため、自分や家族の生活を守り続けるため毎日作業をします。

元請け会社によっては、無茶な金額交渉や急な納期依頼等も要求があります…。

それでも自分や家族の生活のため、さらには社員の雇用を守るため、自分で飲み込み我慢しながらきっと努力は報われると思いながら必死に頑張り続けます。

しかし元請会社や、取引先の担当社員さんの中には、こちらのことも考え、無茶な交渉や要望依頼もなくお互い様だからと良くしてくれるところも稀にあり、取引を続けさせていただけるよう大事に対応し売上の50％以上という多くの割合を占めるようになります。

ただ、そんな大事にしたい元請会社さんも、不況の波に飲まれ倒産します。一気に売上の50％以上がなくなります。

また大事にしたいと思う元請会社さんは売上を伸ばしたい競合他社や、新たに起業してとにかく仕事が欲しい新規競合先が、値段を安くしてでも取引できるように攻めてきます。

どちらにしても自分なりに必死に頑張り努力し、大事にしてきた元請会社さんと共に売上の「50％」以上を失います。

そんな中、他業種の変わった社長の講演を聞きに行きます。その社長の業種も下請けが業界の普通ではありますが、業界の普通とは違う元請で展開し事業活動を行っており、活動内容や経験談、考え方等の話を聞けます。

このような学びの場を提供する中小企業家同友会への入会届を行い、思い切ってその社長の事務所のドアをたたきます。

そこで、業界の現状や自社の現状を話すと、社長から次の質問が飛びました。

・貴方の業界や貴方の考えの普通は、一般のお客様の普通と一緒ですか？
・下請けが普通下請け以外では売上を創れないと誰が決めたのですか？

例えば、コーキングの打替えという商品やサービスは、普通は新築の際や外装リフォームの際に、他の工事と一緒にお客様に提供され、一括受注された元請会社さんから下請けとして受託しコーキングの打替えのみのサービスを提供するのが普通のシーリング屋さん業界ですが、お客様の生の声で要望というのは聞かれたこと、調べたことはありますか？

お客様によっては、「子供が大学生だからそれまでは大きなお金は払えない…」「全部一緒が理想だけど予算的に難しい…」というような方がいらっしゃいます。

その中には、大きなお金を今は払えないが、外壁材と外壁材の継ぎ目のコーキングだけは気になるのでコーキングの打替えだけでお願いできないかなというお客様の要望は少なからずあります。

しかしコーキングの打替えだけで対応する元請会社さんはめったにいらっしゃらず、そのような要望を持つお客様は現状我慢するしかない状況です。

その我慢されている状況の中でもしコーキング打替えだけを専門で活動しているシーリング屋さんのＨＰを見つけたり、評判を聞いたりしたうえに専門店だからこそコーキング打替えだけでお願いもできると知ったら、少なからず問合せいただけそうじゃありませんか。

今は無料や格安で情報提供できるブログやホームページ、無料で情報発信も可能なフェイスブック等のＳＮＳ（注＊）等々、お金をあまりかけずとも集客はできる可能性がある時代です。

・お客様の要望ニーズは少なからずある。
・無料でも情報提供や情報発信ができる。
・現状○○だけの専門店はない。
・○○だけに絞った業界なら大手の新規参入は少ない。
・元々○○1本の下請けをしてきた。
・○○に関しては知識も技術も持っている。

どうですか。細かく書き出して行けば行くほどできそうな気がしませんか。

しかも、無料、低予算でできるなら実践に踏み出すリスクより現在の環境にしがみつき踏みとどまるほうがリスクに感じてきませんか。

それならば、今までの普通であった下請けにプラスして少なからず適正利益をいただくための直販も実践してみてはいかがですか。

・今までの業界と貴方の普通という1本だけの道
・今までの道に新しい道を足した2本の道

どちらのほうが、ご自身や会社、家族や社員を守り続けるため、稼ぐことできそうですか。

どちらのほうが、○○にこだわり、追及し、妥協せず○○を極められ、楽しめそうですか。

今後、コーキングの打替えだけを提供したお客様が喜んでくれて、もし外装リフォーム全体をお願いされたら、大事にされたい元請会社さんにお客様を紹介するのもよいのではないでしょうか。

それにより元請けと下請けという関係から、お互いに協力企業、提携企業、仕事仲間と言えるようになるかもしれませんね。いかがでしたでしょうか？

勿論、この例え話もご自身や御社を別の視点から見る参考にして貰えるように書いたつもりです。実は、ここのノウハウや考えは、執筆当初公表するつもりはありませんでした。自分で自社の新規競合の直販も行う塗装屋さんが増える可能性を高めてしまうと思っていたからです。ただ、本書の執筆期間中モデルになられた方とお話している内にやっぱりこのノウハウも公開したほうが、読んでいただきたい方々に少しでもお役に立てる確率があがるかもと思い、締切の１日前に追加しました。

もし新規競合先になられる方や専門職で実践される方等、よろしければ互いに競い合いましょう。そして、情報交換や提携等させていただく方などと出会えたら嬉しいです。

（＊注）ＳＮＳ＝フェイスブックやインスタグラム等人の繋がりを促進・支援するネットサービス。

７　妄想族で妄想力を鍛え楽しみ現実を変える

「たまに想像力豊かだよね？　なんでそんな想像できるの？」と言われることがありますが、個人的には「妄想」だろうなと思っています。

想像とは、経験してないことを推し量る、現実に存在しないこと柄を思い描くことです。

「妄想」とは、普通でないことに対して病的原因からいだく、誤った判断・確信することです。普通を勝手に付け足し、マイナス要素は勝手に取り消すと、なお自分的には合っている気がします。

病的な部分も、ＥＤに悩んでいたとき、意を決し受診にいくと確かに精神科をすすめられました。私の場合は、恐らく子供時代に自分の生まれてこなかったかもしれない別の世界を妄想し始めたのがキッカケだった気がします。

当時はひたすらプラモデルと話もできました。そのせいか良い本や漫画を読めば感情移入しすぎて、本や漫画の中の世界に自分も居る気分になったり、１人で涙を流してしまうこともあります。ドラマや映画も同じで、子供をクレヨンしんちゃんの映画に連れて行ったときも私だけ涙をながしてしまう始末。場合によっては危ない大人だと思いますが、そこはプラス思考であたかも自分が経験したことのように思えるのはある意味特技だと確信しております。

8　妄想を利用した人生設計＆長期事業計画

今考えると、独立当初～倒産寸前の期間は今みたいに妄想してなかった気がします。

その後、人生の夢と最終目標が明確になるとその妄想をよりリアルにしていくため、人生の年代ごと、数年ごと、１年毎の目標が妄想の中でイメージができ始めます。

そうなると各目標をクリアしていくため、今月実践すること、今週・今日実践しなければいけないことが明確になってきました。

勿論目標通りにクリアできないことも多々ありますが、そのたびに、妄想族として現在から各目標等を妄想の中でも実践改善しながらプレイし、いまだ妄想の中ですらもクリヤできないラスボスの人生の夢や最終目標がどうすれば達成できるのか？

妄想中に生まれた疑問、リアリティーのない部分に必要な知識・経験やノウハウ等々沢山の壁にぶつかります。壁にぶつかる度に、壁を壊すか、乗り越えるか、迂回するか、別の道を探すか等々の判断をするため、直面した物に絞って一気に大量に勉強します。そしてまた妄想を楽しむこれをひたすら繰り返しています。今では妄想の中で成功が具体的にイメージできないことは今はやらないという自分ルールも追加されました。意外と妄想できたことは現実化できると思う今日この頃です。あまり妄想しないなと思う方でよろしければ一緒に妄想しませんか。

そして人生の最終的な夢、人生が幕を閉じるときに叶えたい願望について、自分の人生が終わった後に次の世代に残したいことを一緒に実現させせませんか。

９　妄想族入隊へのおすすめ儀式

もし妄想が苦手、上手くできないという方におすすめなスイッチが、ドラマ、映画、本、漫画、ゲームで、実在する方は誰でも構いませんが、ご自身が大好きな、憧れる主人公や人物をイメージしてみてください。その人物や主人公が、
もし、自分の今の現在の環境と入れ替わったら？

もし、自分と同じ判断を迫られたら？

もし、同じような壁と直面したら？

その人物や主人公はどんな行動をすると思いますか？

その人物や主人公はどんな判断をすると思いますか？

その人物や主人公はどう壁と向き合いますか？


少しは妄想できました？

この妄想スイッチは商品やサービスや仕組みだけでなく、判断を迫られた場面や自身は苦手な場面などでの立ち振る舞い方などにもおすすめです。本当は人前で講演をするのも交流会などで名刺交換を自分から積極的に行うのも苦手ですが、せっかくであれば少しでも会社にプラスになるものを得て帰らなければという想いと共に「もし○○だったらこの場面では△△のように行動したり発言したりするだろう」と妄想をおこない、現実ではその妄想内の人物の真似をします。

もしかしたら経営者や社長職はいろんな役を演じてみるのも面白いかもしれませんね。

苦手なことも憧れの人の考え方、凄いなと思う方の行動、大好きな主人公の周囲への想いやりやさらけ出し方等をTTPAしてみることをおすすめさせていただきます。

第6章

「家族に誇れる仕事いたします」が経営理念

1　意味不明な経営理念？　経営理念なくても商売はできる

とある会に参加すると「経営理念を持っていますか？」と人によっては意味不明な質問をされます。私も質問された当時は意味がわかりませんでした。

続けざまに「持っていないなら、次の経営指針セミナーに参加しないか？」といわれます。

当時はがむしゃらに頑張っているものの、本当にこれで合っているのか、その方向性への不安や、頑張っている割には利益が出ない現実、努力しているつもりでも未来の会社の一番リアルな妄想はこのままのやり方だといつかは潰れるという気持ちでした。

勉強もし頑張って努力して仕事に取り組んでいるつもりでも、今の道を今の方法だけで進む先は不安でしょうがない状況でした。質問の相手の社長がこの会をすすめていただいた方であり、「参加します！」とこたえました。

それでも同業の中では、異質で少なからず存在感を出せ始め、倒産の危機を乗り越え少し変わるも、まだくそ生意気な部分が残る若造社長の本音は、次のものでした。

・経営理念というものが本当に役に立つのか？
・そもそも経営理念とはなんだ？
・経営理念とかなくても今現に商売しているし売上は立てているのにつくる意味はあるのか？

・経営理念をつくることで売上や利益が現実的にアップするのか？

今だから言える当時の本音でした。

そのような本音の部分を、少しでも恩を感じていた社長にいえるはずもなく、数日間に渡るセミナーに軽トラックで乗り付け、作業着のまま参加します。

勿論セミナーの中には、既に知っているもの、既に実践していることなどもありましたが、経営理念の作成に突入するとそのイメージすらできません。

ちなみに辞書（グーグルですが）で調べると、経営理念とは、組織の存在意義を、普遍的な形で表した基本的な価値観の表明とある。

平たく言えば「会社や組織は何のために存在するのか、経営をどういう目的で、どのような形で行うことができるのか」ということを明文化したものです。

これで意味が理解できますか？　これで「自社の経営理念は〇〇です」と答えられますか？

もっと小学生でもわかるように説明していただかないと、単語、漢字の意味、要は全くもって「は？」「意味を理解できないのに答えられる訳がない」「もっとわかりやすく表現して」というのが本音でした。

ただ、決して余裕があるわけで、ない状態でせっかくの時間を削ってまで参加しているセミナーです。無駄にするわけにいきません。

そこで、経営理念を理解するためにまず取り組んだのが「ＴＴＰＡ!!」。

T．同業関連は勿論、他業種の経営理念を公開している他社のホームページをひたすら調べる
T．なんとなくでも意味が理解できる、いいなと思う、他社の経営理念を徹底的に多数メモる
P．なんとなくですが、起業した創業者の理由、想い、社長が生涯取り組み続けたいこと、生涯こだわりたいこと、なのかな？　と意味を自分なりにパクる
A．自分に置き換えて起業した理由、起業したときの想いや生涯目標、生涯取り組みたいこと、生涯こだわりたいことを自社なりにアレンジしていく。

パクりから解釈した意味に自社を置き換えてアレンジしたのが次の結果です。

・〔起業した理由〕
業界で1番になれるかもと妄想した、稼げると思った、挑戦したかった
・〔起業したときの想いや生涯目標〕
最低地域で1番の会社になる、カッコイイ経営者になる、稼げる経営者になる、当たり前のことを当たり前に提供し続ける、家族に誇れる仕事をし続ける
・〔生涯取り組みたいこと〕
塗り替え塗装に関連することを極めたい、家族に誇れる仕事をし続けたい、後悔しない道を進みたい
・〔生涯こだわりたいこと〕

家族に誇れる仕事をする、後ろ指を刺されるようなことはしたくない、このようにしていくと、「家族に誇れる仕事…」が1番重なり、もしかしたらこれが経営理念かもと思い始めます。

2　家族や大切な人にもすすめられる仕事ｏｒ商品

よく考えてみると、仕事に取り組むとき、新しい商品やサービスを検討するとき「大切な人にもすすめられるか？　すすめられないなら取り扱わない、提供しないと自分ルールの1つとして判断に使ってきた。

解釈は人それぞれなので反論もあるかもしれませんし、考えも今後変わるかもしれませんが「家族に誇れる仕事かどうか？」という〝判断基準〟は生涯変えるつもりはない。

・それなら自分や全スタッフ、会社の判断基準のルール、軸が経営理念という解釈にしよう。
・判断に困ったときの最終決定権を経営理念という解釈にしよう
・それなら我が社の経営理念は「家族に誇れる仕事いたします」。これを生涯のルールに、生涯の判断基準にしようと思い、自分なりの経営理念ができあがりました。

その後、この「家族に誇れる仕事いたします」を名刺、チラシ、ホームページにも掲載するようになり、会社の入り口正面の壁にも大きく張り出し、社員から「〇〇の状況なので判断に困ってしまって、どうすればよいですか？」と〝相談〟が来る度「どうするのが家族に誇れる？」と質問で返すと「○○するほうがいいと思います」と大抵スタッフなりの答えが返ってきます。

仕事の判断のためのスタッフからの〝相談〟に「会社の最終決定権をもった」このような質問を繰り返すと、いつの間にか「○○の状況なので、○○のほうで処理してよいですか？」とスタッフからの仕事の判断に対する〝相談〟が〝確認〟に代わっていることに気づきます。

そして、さらに「○○という状況だったので、○○しときます」と今度は〝確認〟から〝報告〟に代わっていることに気づきます。すると〝相談〟よりも〝確認〟できるスタッフが増え、さらに〝報告〟できる責任者たちが増えてくると、あれほど鳴っていた電話が殆ど鳴らなくなったのです。

そこにかけていた時間が少なくなり、その分の時間を他の仕事に使えるようになり、会社としての仕事は増えているはずなのに自分の仕事は増えない、むしろ減っていく。昔なぜあの仕事量であんなに忙しかったのか？　と思える不思議な現象が起き始めました。

売上や利益に貢献しないことに割いていた時間が減れば減るほど、その分を売上や利益に貢献する仕事へ、さらには来年再来年以降の先の売上や利益をいただき続けるために時間をさけるようになります。

いかがですか？　経営理念という会社の最終判断基準をもつことよくありませんか。

もし、現状を少しでも変えたいと思っている方で、同じように〝経営理念とは知りもしなかった〟と思った社長、ちょっといいねと思われた社長、一緒に一歩踏み出しませんか。

3　経営理念という判断基準のさらなる活用で沢山の壁にぶつかる⁈

経営理念という判断基準があったとしても勿論、スタッフによっては「ん？」という判断や経験や知識不足からくるズレた判断も発生することがあります。

このような判断のズレに対しては、各自への求める内容、教える内容、判断を任せる部分をわかりやすくするため、各スタッフのステージをはっきりとわかるように現在ＴＴＰＡ中です。効果が出始めているのが、各自の権限を越える報告や、「ん？」というような確認の場合は「私の知識や経験を踏まえて考えた家族に誇れる」方法と本人の方法と比べてもらい判断基準をよりすり合わせます。

また自分がどこまで任せられているのかハッキリするために各スタッフをステージ分けをしています、

・〝相談〟を義務つける新人～中堅目指すステージスタッフ
・〝確認〟を努力してもらう中堅～幹部候補を目指すステージスタッフ
・〝報告〟を任せられた部分を当たり前にしてもらう幹部候補～幹部を目指すステージスタッフ
・任せられた部分の〝報告〟を当たり前にし、〝報告〟で良い部分を増やす幹部～役員候補のステージスタッフ。

ここで長年苦しんでいる沢山の壁にぶつかります。その1つが次の事項です。

〔ステージクリア条件、ステージクリア条件達成率、ステージクリア決定判断〕

・要は何をもってステージがクリヤし、次のステージに進めるのか？　その条件は？

・そもそもクリアするために、達成すべき各ステージの条件項目は？

・そのクリア基準を、誰が、何で、判断、するのか？

・ステージのクリアができることで、本人は何を得られるのか？

このように考える中で、同じように長年苦しんでいる別の壁と似ている気がしました。

その壁は、大事なのはわかっていても他社さんも、一般的に公開してない部分、他社さんも同じように苦しんでいる部分で他業種からのＴＴＰＡでもしっくりこない、そもそも得られる情報が少ない、セミナーに通い、関連本を読むも自社に通用できそうなアレンジができません。

その壁が昇給の条件や根拠、さらにはボーナス支給額の根拠でした。

技能職のスタッフの昇給条件としては、年数や資格取得や勿論技術とありますが、技術に関しては条件や根拠が難しくあいまいな部分です。さらにはボーナスなんて特にそうです。

給与はまだわかりやすい根拠として勤務時間や勤務年数、技能職なので完工高貢献、資格手当等があります。

しかしボーナスに関しては、世間一般的にいう給与の○か月分というものに納得できない自分が居ます。もともと給与と違いボーナスは、会社への利益貢献度に関しての感謝の気持ちをお金という数値に変えた形という考えでいます。

当然会社が存続し続けるには利益が残らないと存続できません。

勿論、会社に利益が残らなければ出したくてもボーナスは出せないこともあります。

ただ例えば、会社に予想以上に利益が残った年があるとします。その予想以上の利益は元々数年前に頑張ってくれた当時からのスタッフの頑張りが、数年後に現れた結果だとします。

貴方ならどうされますか？

・数年前に在籍していないスタッフも含め全スタッフに〇か月分として還元しますか。
・当時のスタッフのみ上乗せされますか？　いくら上乗せしますか、その数値の根拠は。
・その判断は誰がしますか、その判断の根拠を具体的に証明できますか。
・そこで数年前在籍してなかったスタッフが不満を言ってきたらどうされますか。
さらには、残念なことに次ようなスタッフもいた場合どうされますか。
・口と自己アピールや頑張っているふりだけは上手いスタッフ。
・他のスタッフからは仕事ができない人と評価をされているスタッフ。
・プライベート使用のガソリン代や洗車代等も経費で使っていたスタッフ。
・病気や体調不良を訴え頻繁に仕事を休み旅行は体調不良でも行くスタッフ。
・自主残業で残業代をもらいながら、会社の物品を使って副業をするスタッフ。
・会社にはバレないように材料や物品等を横流ししているスタッフ。

・パチンコの新装開店の日には必ず風邪を引いて休むスタッフ。

そうはいっても利益出たから今回は全員○か月分と感謝できますか。

発覚した部分は差し引きで計算されますか。全部が把握できていると言い切れますか。不正を把握できる仕組みはありますか。

恥ずかしい話、把握している部分はあっても、他のスタッフは気づいていても私は把握できてないこと、気づくまでに期間がかかることもありました。

万が一気づく前に不正をしているスタッフにも、不正をせず利益貢献しているスタッフと同じように感謝し、同じようにボーナス還元したら本当に会社に必要な人財が不満に思う原因や辞める原因を自分でつくるのではと、いろんな怒りが湧いてきます。

真面目にルールを守り、貢献してくれている人財にこそより沢山の感謝に変える仕組みが必要です。

中小零細だからとかは関係ない！　むしろこんな零細企業だからこそ貢献してもらえる人財に感謝の形を「わかりやすく」「何を根拠に」「感謝の数値」を「誰が判断」するのかと妄想をかけ合わせます。

そしてふと気づくのが先程の壁にぶつかって苦しんでいる〝理由〟です。

〔ステージクリア条件、ステージクリア条件達成率、ステージクリアヤ決定判断〕
・要はなにをもってステージがクリアし、次のステージに進めるのか？ その条件は？
・そもそもクリアするために、達成すべき各ステージの条件の項目は？
・そのクリア基準を、誰が、何で、判断、するのか？
・ステージのクリアができることで、本人は何を得られるのか

この書き出した理由を眺めるとステージとクリアが目立ちます。
ステージを何かに置き換えられないか？ クリアも何かに置き換えられないか？

置き換えたのがこちら
〔「給与の昇給」条件、「給与の昇給」条件達成率、「給与の昇給」決定判断〕
・要は何をもって「給与が昇給」し、次の給与に進めるのか？ その条件は？
・そもそも昇給するために、達成すべき各昇給条件の項目は？
・その昇給基準を、誰が、何で、判断、するのか？
・「給与の昇給」ができることで、本人は何を得られるのか？
しだいに、この壁の悩んでいた〝理由〟が明確になってきました。

妄想しやすい「給与と昇給」に置き換え色々考え、その後今度はボーナスに置き換えて妄想を掛け合わせていると、勤務通知表という日々の感謝の数値化&不正防止&新しいルールの誕生です。

これからご紹介する勤務通知表（図表29、30）は、ハイテクな評価制度は使いづらいと思い、さらに賞与の支給額を「なんとなく」で決めて、思っているより喜ばれていない、スタッフたちには不満がありそうな気がして不安な社長にはぜひ試してみて欲しいと思っています。

4 日々の感謝の数値化&不正防止&新しいルールになった勤務通知表

勤務通知表ルール（抜粋・理解しやすいよう一部書き換え）

①投票や集計等の取扱いルール

・社員全員が、自分も含めた全員の項目ポイントに匿名でアンケート投票。
・投票実施は各自宅で行い、実施日に1時間の残業代加算とし業務扱いとする。
・アンケート原本の閲覧と集計は代表取締役のみとし、集計後シュレッダー処理。
・代表取締役、役員へのアンケート集計も実施する（代表取締役は賞与反映は対象外）。
・各ステージによって項目は増加する（見習いステージ項目少↓幹部項目多い）

②賞与反映計算や支給等のルール

・対象期間の経常利益等を参考に、社員全員分の賞与総額原資額を社内役員が決定する。

〔図表 29　勤務通知表表紙裏〕

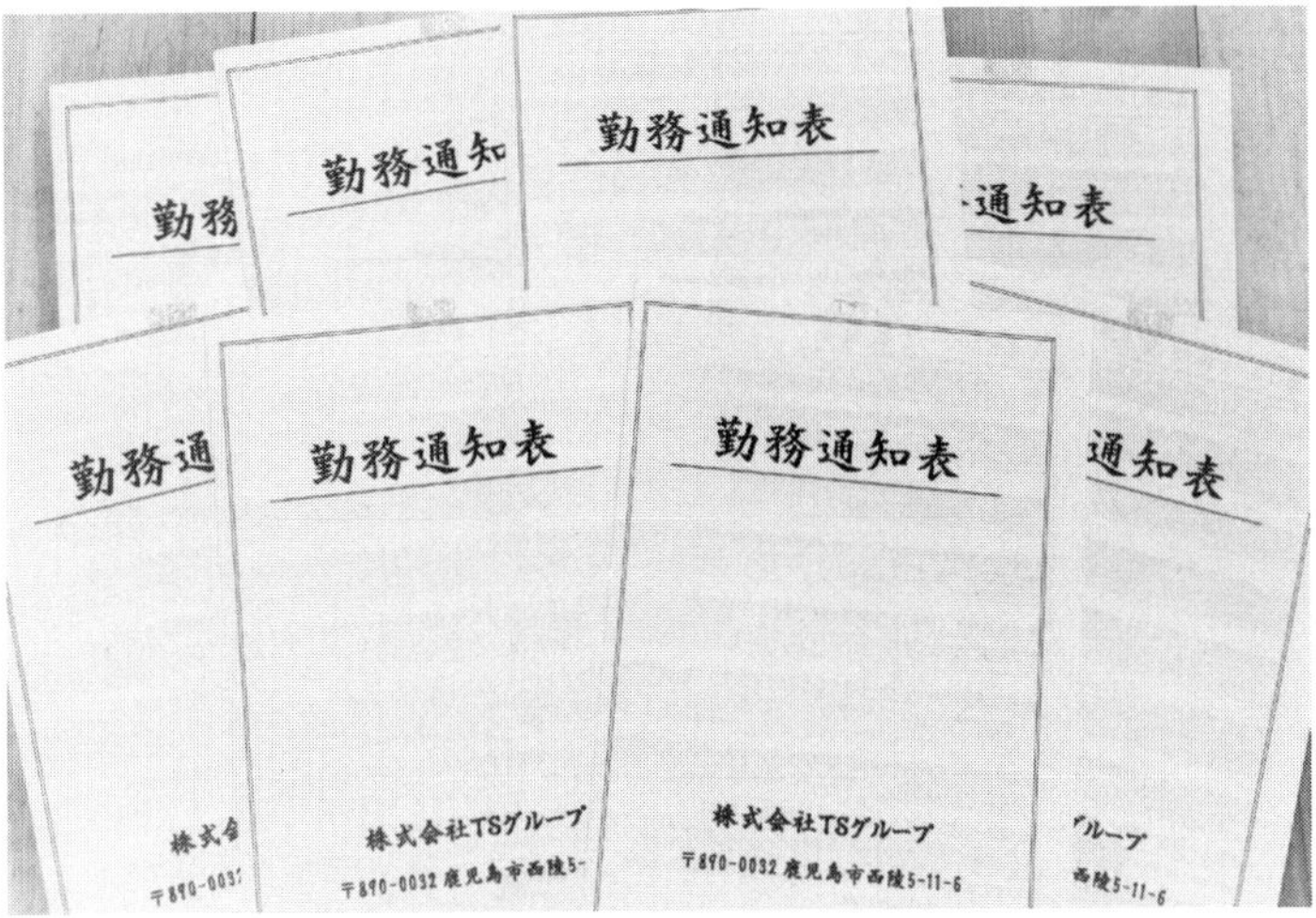

〔図表 30　勤務通知表中身〕

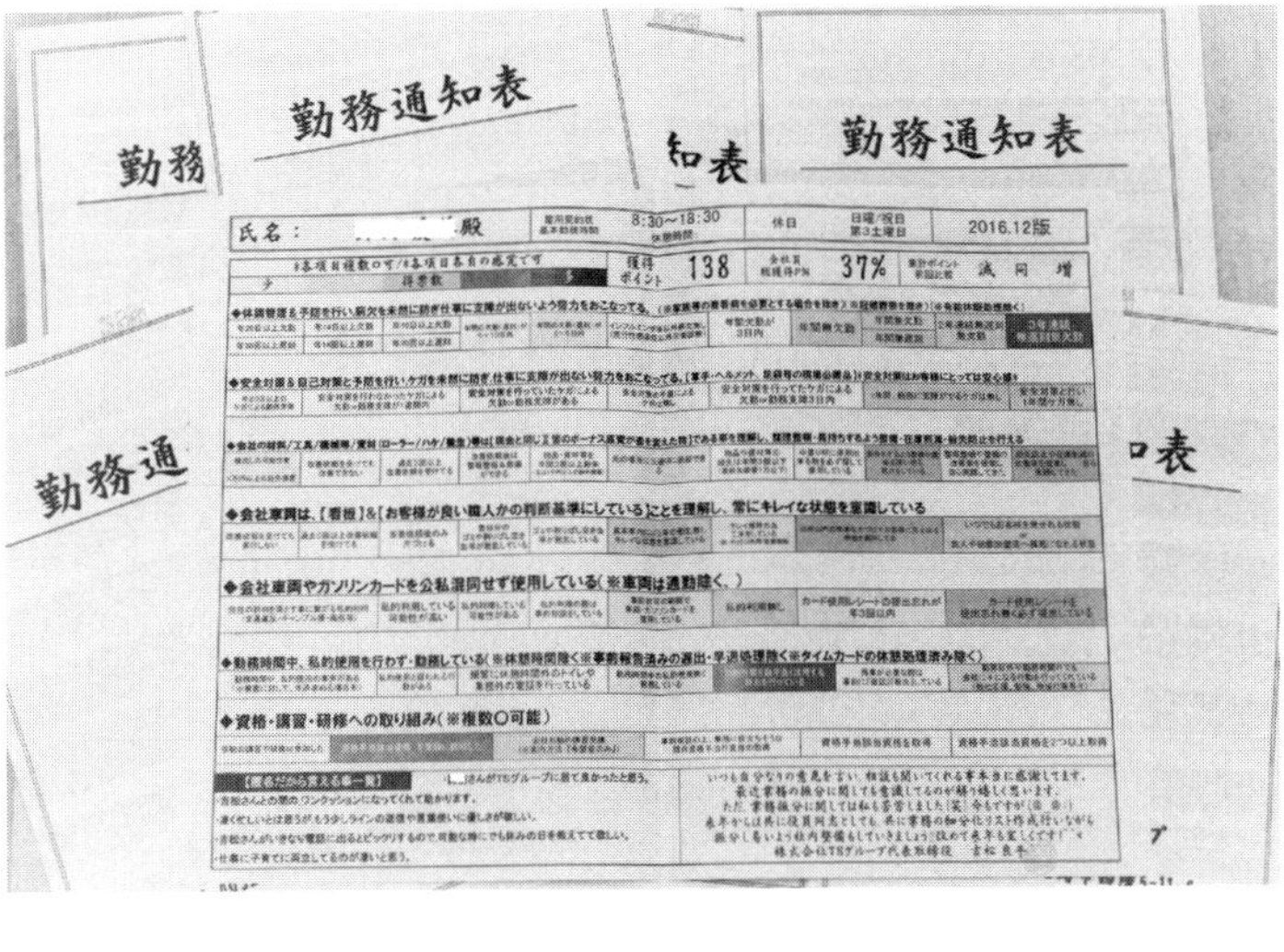

・賞与総額原資の増減決定に重要な月次決算内容に関しては、役員、幹部、幹部候補のみ参加の月次決算報告会議にて公開するとする。
・各自獲得ポイントの％×賞与総額原資＝獲得賞与額とする。
・給与と違い賞与は会社の利益配分の為、赤字の際は支給不可の場合もある。
③勤務通知表その他ルール
・アンケート項目は、実施前に全員の意見を参考に毎回改良と項目の加算、修正を行うこととする。
・ルール自体も実施前に全員の意見を参考に毎回ルールの改良と追加修正することとする。
・通知表受け渡しは、賞与支給と併せて代表取締役と個別に行う。

勤務通知表の特徴①

1つ目の特徴としては、自分も含めた全員で自分の評価項目にも匿名投票できるという点です。どういうことかと言うと、普通は「社長の評価、上司の評価」等、自分以外のそれも社長や上司が評価し決定します。要は「上が決めたこと…」「上は何もわかってない…」「これが上からの自分の評価か…」というよく聞く言葉が高確率で出現する結果が多い気がします。

しかし、まずは自分で自分の評価の投票ができ、その分もポイントに反映されます。そして同僚や部下も含めた全員の視点からの各項目評価へ投票されポイントに反映されます。

要は、

〔従来の評価〕※社長の評価※上司の評価（職種によっては売上成績等）
←
〔勤務通知表評価〕※社長の評価※上司の評価※自分の評価※同僚の評価※部下の評価

いかがでしょうか。

先程のよく聞くフレーズたちの出現率どのくらいになりそうですか？

これで何がわかるかというと、

①自分評価のみ高い勘違いタイプ
②自分に厳しいタイプ
③不正しそう&しているタイプ
④派手さはないが影の実力者タイプ

等々、当たり前のことですが、今までとは別の角度からの各スタッフ像が見えてくると思います。

また、匿名だからこその爆弾も投稿されている場合もありますが、被害を最小に抑える爆弾処理ができると思うと楽になります。

勤務通知表の特徴②

2つ目の特徴は、匿名性を高めるため各自宅記入ですが、業務扱いとする点です。

まずは、勿論匿名だから言えることもありますので、会社で記入となると周りの目が気になってなかなか記入できないこともあると思います。

そこで、各自宅に持ち帰り記入投票をしてもらい、封をした状態で翌日匿名でポストに投函するというルールにしています。勿論時間がかかりますが、そのための残業は残業扱いと処理し、ルールに記載した時間分を残業代に計上します。

そうした理由は、個人的にサービス残業が好きでないことと、業務扱いだからこそ真剣に考えて投票してほしいという意図があります。

あくまでも個人的な意見ですが、弊社は自社の飲み会や忘年会等もスタッフには業務扱いとし残業代の計上いたします。だからこそ、飲み会の際も堂々と仕事の相談や話をし、さらには飲みの席でのマナー指導等も行います。

匿名の理由も幹部スタッフの1人に「仕事を頑張るのは普通…」と言いながら自己主張や頑張っているアピールをしないスタッフがいます。さらには和を大事にするタイプなので滅ったなことでは怒らないし他スタッフへの不満等も言わないのですが、私が幹部候補として引き抜いたスタッフへの評価や会社に不利益を与える行動などを「把握した時点で早めに報告できなかった自分が悔しい…」と言わせてしまったことがあります。

しかし、それは会社として報告しやすい環境や仕組みを提供できてなかった責任になります。飲み会の席等でも飲み会の席だからこそ言える〝爆弾トーク〟タイム等行っていましたが、やはり本人を前にすると言えない人もいます。

そのような経緯で匿名だからこそ言えることも反映できるようルールに盛り込んだのですが、普段からすべて匿名というわけでなく、年に数回だけ匿名で言えるというのは結果として非常におすすめだと思います。

勤務通知表の特徴③

３つ目の特徴は、賞与総額原資を先に決めるという点です。

よく夏や年末近くになると、金融機関さんから季節賞与借入の案内をされたり、借入してまで賞与を支給されている社長のお話を伺うことがあります。そこで、その理由を伺うと利益配分ではなく賞与は月給○か月分という暗黙のルールを採用されている方が多い気がします。かくいう弊社も昔は利益が出たら○か月分という形で計算していました。

すると、賞与総額が予定よりも多くなることが殆どで、予想以上に最終利益を圧迫してしまうこともしばしば…。さらに社長や役員が「上司の視点」からだけの個別評価で金額を調整して支給すると当然不満も出ることもあり支給後「辞めます…」という悲しすぎることが起こる場合もあります。

こうなると少しでも感謝の気持ちを形にしようと色々考え、悩み金額決定した役員側も面白くありません。

そこで現在採用しているのが各スタッフへの賞与総額原資を先に決めるということです。当然賞与総額原資は、対象期間の利益（経常利益）を参考に支給賞与の総額を決定するので、予定より多くなることも予想以上に利益を圧迫することもありません。

また賞与総額原資を増やすことが、自身の賞与額を増やす1つの方法にもなるので、社長や役員は会社の発展存続のため、各ステージのスタッフは自身の賞与を増やすため、と理由はそれぞれ違いますが「利益（経常利益）を増やすという〝共通の目的〟」ができます。

目的が共通になり、共通目的のために役立ちそうなことならコスト削減も業務改善や新しい取り組み等もスタッフにもメリットがあるので実践しやすくなる点など考えると、社内改革が必要だが上手く行かないともし悩んでいる社長がいらっしゃいましたらぜひおすすめです。

勤務通知表の特徴④

4つ目の特徴は、各自獲得ポイントの％×賞与総額原資＝獲得賞与額とすることです。

少しわかりづらいので計算式の参考例を次にあげます。

〔Bさんの例〕

① 社員全員分の獲得ポイントを足すと合計で1000ポイントになったとします。（代表取締役分のポイントは除く）

② Bさんの獲得ポイントはそのうち200ポイントだったとすると1000÷200＝20％

③ 賞与総額原資額が200万円だった場合、200万円×20％＝40万円

よってBさんの賞与支給額は40万円という計算になります。

〔Cさんの例〕

① 社員全員分の獲得ポイントを足すと合計で１０００ポイントになったとします。
② Cさんの獲得ポイントはそのうち０ポイントだったとすると、１０００÷０＝０％
③ 賞与総額原資ポイントが２００万円だった場合、２００万円×０％＝０円

※あくまでもポイント獲得を競う制度なので、マイナスはなく獲得ポイント０が最低としています。

よってCさんの賞与支給額は０円という計算になります。

いかがでしょうか？

賞与支給がBさんは40万円でCさんは０円、営業職以外ではあまり聞かない金額の差だと思います。しかし、Cさんの例は実例を元にしております。中堅スタッフのCさんは、幹部候補として成長を期待しているスタッフでしたが、仕事の技術は良くても社会人の基礎やプライベートがルーズ過ぎる部分で、なかなか信頼関係を高められないのが悩みでした。

ある休日、写真が携帯に送られてきました。写真は交通量の多い国道からパチンコ屋さんを撮影したものでした。その中にはCさんが仕事で使用している会社の看板&可愛いイメージキャラクター付き車両がパチンコ屋さんの国道からも目立つ位置の駐車場に停まっている悲しい写真でした。

休日とはいえ、あきらかなマイナスイメージの宣伝です。

しかも、会社の車両を休日乗り回すことは勿論許可していませんでした。簡単に取れないようシールタイプで貼ってある目立つ看板や可愛いキャラクター付き車両なので、まさかプライベートでは乗らないだろうと油断していたのも甘かったのです。さらには自分の車まで売却し看板付き会社車両をプライベート車両としても利用し始めるという情報まで入ってきます。

勿論、その後本人とも話し合いを行い対策もとりますが、どこまで反省しているのかがわからないというのが本音でした。

話し合いから数週間後、勤務通知表の匿名投票が実施されます。Cさんの匿名投票を集計すると見事全スタッフの投票が技術等仕事に関する項目は高評価に集中し、獲得ポイントも高いのですが、社会人としてのマナーや不正部分の可能性を示唆する項目に関しては全スタッフの投票が低評価に集中し、せっかく仕事等の高評価で得たポイントを消していきます。

この結果で思い知らされたのが、普段一緒に仕事をする時間の少ない女性事務員さん等も勿論含めた投票なのですが、各項目の投票（評価）がほぼ全員同じような投票を行っていることでした。

普段なかなか口にはできなくても、何かしらスタッフ同士の色んな視点からちゃんと見ている、また社長だけ気づかずスタッフの視点だからこそ気づける&評価できることも多いなと思い知らされました。

さらには、全スタッフの投票がほぼ同じようになるということは、Cさん本人も他スタッフの評

〔図表31　勤務通知表中身の項目ズーム〕

氏名：　殿	雇用契約状 基本勤務時間	7:30〜17:30 内休憩時間：2H	休日	日曜/雨天 （勤務調整の上）	2016.12版	
*各項目複数○可/*各項目各自の感覚で可 少　得票数　多	獲得ポイント	113	全社員 総獲得P%	31%	集計ポイント 前回比較	減　同　増

◆体調管理＆予防を行い、病欠を未然に防ぎ仕事に支障が出ないよう努力をおこなってる。（※家族等の要看病を必要とする場合を除き）（※冠婚葬祭を除き）（※有給休暇処理除く）

年20日以上欠勤 年20回以上遅刻	年14日以上欠勤 年14回以上遅刻	年10日以上欠勤 年10回以上遅刻	年間の欠勤（遅刻）が5〜10日内	年間の欠勤（遅刻）が3〜5日内	インフルエンザ等以外病欠無し （流行性感染症は外※要診断）	年間欠勤が3日内	年間無欠勤	年間無欠勤 年間無遅刻	2年連続無遅刻無欠勤	3年連続無遅刻無欠勤

◆安全対策＆自己対策と予防を行い、ケガを未然に防ぎ、仕事に支障が出ない努力をおこなってる。【軍手・ヘルメット、足袋等の現場必需品】*安全対策はお客様にとっては安心感*

年20日以上のケガによる勤務支障	安全対策を行わなかったケガによる欠勤or勤務支障が1週間内	安全対策を行っていたケガによる欠勤or勤務支障がある	安全対策の不備によるケガは無し	安全対策を行ってたケガによる欠勤or勤務支障3日内	1年間、勤務に支障がでるケガは無し	安全対策と行い1年間ケガ無し

◆会社の材料/工具/機械等/資材（ローラー/ハケ/養生）等は【現金と同じ】【皆のボーナス原資が姿を変えた物】である事を理解し、整理整頓・長持ちするよう整備・在庫削減・紛失防止を行える

積流しの可能性有 5万円以上の紛失損害	改善依頼を受けても改善できない	過去3回以上改善依頼を受けてる	改善依頼後は整理整頓＆整備ができる	物品・資材等を年間3回以上紛失	元の場所に元通りに返却できる	物品や資材等の紛失は年間3回以下（要紛失損害1万以下）	中塗り材に使用出来る物を必ず探して使用している	長持ちするよう整備や無駄な使い切る努力をしている	整理整頓や整備の改善案を提案し自ら実践してきた	紛失防止や在庫削減の改善案を提案し自ら実践してきた

◆会社車両は、【看板】&【お客様が良い職人かの判断基準にしている】ことを理解し、常にキレイな状態を意識している

改善依頼を受けても実行しない	過去3回以上改善依頼を受けてる	改善依頼後のみ片づける	数日分のゴミや割りばし空き缶等が散乱している	ゴミや割りばし空き缶等が散乱している	基本車内にゴミ等の散乱無しキレイな状態を意識している	キレイ維持の為工夫をしている	15秒以内の簡単な片づけでお客様に見せれる状態を維持してる	いつでもお客様を乗せれる状態 or 新人や研修加盟店へ模範になれる状態

◆会社車両やガソリンカードを公私混同せず使用している（※車両は通勤除く、）

会社の評判を落とす事に繋がる私的利用（交通違反/ギャンブル場・風俗等）	私的利用している可能性が高い	私的利用している可能性がある	私的利用の際は事前相談をしている	事前許可の範囲で車両・ガソリンカードを使用している	私的利用無し	カード使用レシートの提出忘れが年3回以内	カード使用レシートを提出忘れ無く必ず提出している

◆勤務時間中、私的使用を行わず・勤務している（※休憩時間除く※事前報告済みの遅出・早退処理除く※タイムカードの休憩処理済み除く）

勤務時間中、私的使用の事実がある（※損害に対して、弁済求める場合有）	私的使用と疑われる行動がある	頻繁に休憩時間外のトイレや業務外の電話を行っている	勤務時間中の私的使用無く勤務している	勤務時間を効率良く活用する努力を行っている	残業が必要な際は事前に確認・報告をしている	勤務日外や勤務時間外でも会社に＋になる行動を行ってくれている（他社応援、勉強、地域行事等々）

◆資格・講習・研修への取り組み（※複数○可能）

強制の講習や研修は参加した	資格手当該当資格を受験に挑戦した	会社お勧め講習受講（※案内方法『希望者のみ』）	事前相談の上、業務に役立ちそうな既存資格手当外資格の取得	資格手当該当資格を取得	資格手当該当資格を2つ以上取得

【匿名だから言える事一覧】 ・さんはやっぱり凄いと思うし尊敬できる。 ・以前と比べ役員候補としての意識が高く成長してると思う。 ・指示書の細かい部分迄、さらに把握し、指示書の重要さも　さん等に教えて欲しい。 ・少しでも成長したい為、たまには厳しく指導して欲しい。	利益さえ出せば今までより還元出来る仕組みが出来てきました。 10年前の約束を果たせた時の　さんの笑顔を創造して 私も頑張りますので、来年も宜しくお願いします！ 今後は、シラフの時ももう少し意見を言ってくれると嬉しいです（笑） 株式会社TSグループ代表取締役　吉松良平

価を自身でも認めているということです。この匿名の投票結果の集計をしているとCさんも反省して改善してくれそうだと嬉しく思います。

実際、集計後の勤務通知表を渡す際、Cさんと2人での話し合いの場でもCさん自身も含めた全員の評価が仕事は高評価、それ以外がポイント獲得の邪魔をして賞与が0円となった結果を報告した際、「次の勤務通知表実施までに改善して、次回取り返します、すみませんでした…」と賞与0円という結果も受け止めた上に、涙してしまう嬉しい言葉までもらうことができました。その後、Cさんは宣言通りかなり成長&改善してくれており、中堅ステージから幹部候補ステージへ突入してくれそうな勢いです。

賞与に関して同じように悩まれている社長！　ぜひＴＴＰＡを実践してみてはいかがでしょう？

日々の感謝の数値化＆不正防止＆新しいルールに〝勤務通知表〟。

実践される方で実物見本等が欲しい方は、実物データ（取扱説明付）送付しますので最後の読者プレゼントを気軽に御利用ください。

番外編1　スタッフから見た会社と吉松良平「平成21年入社の現専務取締役からの視点」

最初チラシポスティングのアルバイトとして勤めていた私に「今はまだ小さい塗装屋ですが、正社員として働いてみませんか？」と誘われ、物事の判断基準が〝後悔するかしないか〟という同じ考えの方だったらと思い入社。

勤め始めた最初の印象は、自分自身にも他人にも厳しい人だな！　と思うも、他人に厳しいだけの人は沢山いても自分自身にも厳しい人となら仕事も一緒に楽しめると思いました。

沢山の悔しい思いや、時には挫折したくなるほど落ち込んだこともありました。ただ、仕事をする上で良いことは評価をしてくれる会社であり吉松さんなので恵まれた環境で仕事をさせて貰っていると思います。また今回の原稿を読んで、厳しいだけでなく心配性で臆病な部分もあり、最近特に涙もろい吉松さんが、その時々で必要とする勉強をした上で常に実践してきた姿が目に浮かびます。

そんな吉松さんに初心から今現在も「大切な人財だから辞めないで」と絶対言われるようになりたいと思いながらこれからも一緒に仕事をしていきたいと思っています。

株式会社ＴＳグループ東翔＆塗職　専務取締役　諏訪　愛美

第7章

自社の存在は世間に必要か？世間の誰に必要か？そこからの答えで集客の仕組みづくり

1　自社の存在は世間に必要ですか？　なくなったら世間の誰か本当に困りますか？

この質問に対して、社員のために必要とかではなく、勿論社長が困りますということでもなく、世の中やお客様の誰かが自社がなくなることで「本当に困る方がいるか？」という質問になります。

最初に、この質問を投げかけられたときには正直パッと答えられませんでした。そもそも考えたこともない質問でした。

浮かんでくる答えは、お付き合いいただいている顧客様は困ると思いますと答えるも、「顧客を除いて考えてください」というのは出てきません。「新規のお客様でどなたか困りますか？」本当に意地悪な質問だと思いました。

いかがでしょうか？　パッと答えられますか？

パッと思い浮かぶ社長がいらっしゃったら素直に凄いと思います。

このとき得たヒントは、次のとおりです。

・〇〇で悩んでいる
・〇〇で困っている
・〇〇で失敗したくない

・〇〇のような会社や商品を探している

・本当の〇〇を提供してくれる会社を探している

まずは右記を自社業界のお客様に当てはめて考えてみます。

「何処に家の塗替えを頼めばよいか」で悩んでいるお客様。

「家を建てた会社には頼めずｏｒ頼みたくなくて家のメンテナンスの相談をどこにすればよいか」で困っているお客様。

・「以前、悪質リフォームで被害を受けたから今回は業者選び」で失敗したくないお客様。

・「信頼できて、長く付き合える」ような「塗装会社」を探しているお客様。

・本当の「自社施工で塗装や防水工事」を提供してくれる会社を探しているお客様。

何となくキャッチフレーズに使えそうな文章だなと思うのと同時に、大きく言うと、このようなお客様には必要な会社であると思います！　と思えるようになりました。

よくビジネスセミナー等で〝お客様を絞りましょう〟と言われましたが、正直その絞り方がわからない！　その絞り方を教えて欲しいと思っていた自分でも、この〝御社は世間に必要ですか？〟という質問に対して真剣に向き合うことでいつのまにかお客様を絞ることができました。

集客に関して改善したい、広告活動（会社の情報発信）を実践しようと思われている社長で質問の答えに困った方、まずは「」を御社の業界のお客様に当てはめてみてください。もしかしたら１つのヒントになるかもですよ。

2 ＰＰＴＤをかけ合わせましょう！それが戦略の基礎になる⁉。

「ＰＰＴＤ」をご存じですか？　〔ＰＰＴＤ＝ピンポイントターゲット層〕を長いので勝手につくった略語です。

ピンポイントターゲット層（ＰＰＴＤ）とは、その名のとおりに、自社サービスや商品提供のターゲット層をピンポイント（＝針の先で突く点のように狭い場所に極小のねらい目）にまで絞るということです。

具体的には、まずよく聞く商圏（自社が商取引を行う地域的な範囲）を弊社例で例えると、次のようになります。

・最大商圏＝県（※顧客様の紹介等にはなるべく答えられるよう県単位を最大にしています）

←

・基本商圏＝市（※店舗が存在する市内を基本の活動商圏とし集客広告しています）

←

・エリア商圏＝各店舗を中心に１戸建数が３万戸になるように区域分けしたエリア。

（受注させていただく仕事の90％以上をエリア商圏内で納めることを意識して活動しています）

←

・重点エリア商圏＝エリア商圏内の約５０００戸と現場が重なる地域を重点エリアに絞り、チラシポスティングは重点エリア内の１戸建てメインに行います。

この商圏エリアの設定でＰＰＴＤに、〔○○在住のお客様〕〔○○地域のお客様〕〔○○にお住まいのお客様〕等が追加できます。

これだけでも余分な広告費を削ることができると思いますが、さらにＰＰＴＤを進めます。

〔男性ｏｒ女性×年代〕〔経営者ｏｒ会社員ｏｒ学生〕〔会社ｏｒ夫婦ｏｒ世帯ｏｒ単身ｏｒ家族〕等々。

これらをかけ合わせると最低限のＰＰＴＤのできあがりです。

〔○○在住の〕〔○○地域の〕〔○○にお住まいの〕

×

〔○○で悩んでいる〕〔○○で困っている〕〔○○で失敗したくない〕

〔○○のような会社や商品を探している〕〔本当の○○を提供してくれる会社を探している〕

×

〔男性ｏｒ女性×年代〕〔経営者ｏｒ会社員ｏｒ学生〕〔夫婦ｏｒ世帯ｏｒ単身ｏｒ家族〕

＝

自社のＰＰＴＤ（ピンポイントターゲット層）

ＰＰＴＤを明確にして行う広告と明確にしないで行う広告とでは、広告媒体の選別や手法、つくり方やデザインは勿論、費用対効果もかなり違うので、もしも広告の反響を改善したい、新しく広告を実践してみようと思われている社長は、広告の依頼や作成する前に（ホームページも含む）、まずはＰＰＴＤの絞り込みを先にされるのをおすすめですよ。

また広告の見出しやキャッチフレーズに悩んでいる社長は、ＰＰＴＤの絞り込みで使う文言はちょっと改良すれば広告のキャッチフレーズにも使える物も沢山できます。

悩む位なら「ＰＰＴＤを見出しに」ぜひ試してみてください。

反響や効果の出ない広告にお金を使っても喜ぶのは広告会社さんや印刷会社さんのみ、せっかくなら、かける広告費の最大限お客様に役立つキッカケを沢山いただき、社長も喜び、広告会社さんも喜ぶよう共に欲張りましょう。

3　ＰＰＴＤ（ピンポイントターゲット層）に届く広告は？読まれる広告媒体は？

広告と言っても勿論、沢山の種類や手法、さらには見せ方があります。

一般的なチラシやホームページ、掲載広告でも同じです。

・集合住宅や企業や戸建てのみに絞ってチラシ折込やポスティング。

・経営者が目を通しやすい商工会や同友会等の会報へのチラシ同封サービスの利用。
・地域や職種を絞ってチラシのＦＡＸＤＭ発信※〝ＦＡＸＤＭ〟で検索すると専門業者さん出てきます。
・ＰＰＴＤがよく読むフリーペーパー等へのチラシ折込や専門誌等への掲載広告。
・フェイスブック等のＳＮＳで地域や職種さらには年代や趣味等まで絞ったデジタルチラシの配信。
・チラシやホームページのデザインやイメージをＰＰＴＤ向けの見せ方で作成する。
（例）女性向けにはキレイに可愛く柔らかく、男性向けには渋くカッコよく、高齢者向けには文字を大きく等々）

ＰＰＴＤが定まっていれば、どの手法が一番高い効果を得られる確率が高くなりそうか見えやすくなります。

しかも今の時代は、ＰＰＴＤさえ定まっていれば少額でできる広告も多数増えており、またフェイスブック等のＳＮＳやブログ等ではやり方１つで無料でも情報発信が非常にしやすい時代になりました。無料で情報発信（広告）できるならやらなきゃ損です。現在広告活動を行っていない社長!!　まずは無料でできることからでもコツコツ実践してみませんか？

（ＳＮＳ＝フェイスブックやインスタグラム、ライン等多数。ビジネス活用の書籍も多数あるので、もし今から始める方は関連書籍を大人買いしてみたり若手に聞いてみたらいいと思います）

その後、費用が必要な広告を実践でもよいと思います。

各広告手法の反響の費用対効果がどの手法が高くなるかは、ＰＰＴＤの地域や年代や環境、さらには時代等でも大きく変わりますので、実践×データー集計×改善（ＴＴＰＡを含めた）を〝少しずつ〟繰り返してください。

そしてぜひお客様からのきっかけを多くいただける集客の柱を構築し、さらには増やして、お客様&社長&協力企業様も喜ぶ仕組みづくりのお手伝いになれば嬉しいです。

4　その広告の目的は？いきなり段差高くないですか？低段差広告おすすめですよ

よくチラシやホームページ等の広告で、買っていただくことや契約していただくことを全面に打ち出している広告を見ることがあります。

勿論職種によってはよいとは思うのですが、本書は技能職や生産職の方々向けに書かせていただいている点から言うと、よっぽどお客様が知っている商品やサービスで、さらに価格勝負ができ、御社で購入するメリットがハッキリしていない限り、またその商品サービスを入口商品として利用される場合以外個人的にはおすすめできません。

その理由はお客様からしたら、
・初めて知った会社でいきなり購入や契約となると非常に段差（ハードル）が高いと思いませんか？
・例えば、ご自身がお客様の立場なら高額商品をいきなり購入や契約されますか？
なかなかＹＥＳと言われえる方は少ないと思います。

では、自社のチラシやホームページ等の広告をお客様目線で見られたとき、段差（ハードル）は高く感じますか？　それとも段差を低くすることを意識されて広告に反映されていますか？

もし今から広告活動（情報発信）を行う会社や、従来の広告活動の効果が低く改善しようと思われている社長の場合、ぜひこの低段差広告を意識して実践してみて欲しいと思います。

低段差広告を意識し確認する例として弊社業種の場合で、最終目的を契約にした例でご紹介します。

⑥【契約】〔〇〇特約付き仮契約可能（ローン特約等）〕〔クーリングオフ対応契約〕〔契約特典有り〕
⑤【見積書の提出】〔1時間位の詳しい説明付〕〔15分程の簡易説明付〕〔郵送対応〕〔〇日内提出〕
④【出張点検や現場計測】〔名刺や会社案内等の提出〕〔点検写真の撮影〕〔現場相談やアドバイス〕
③【出張点検や見積り実施】〔出張点検無料〕〔見積書作成無料〕〔相見積りＯＫ〕〔見積り依頼特典〕
②【電話やメール来社等による問合せ】〔参考価格の公開〕〔対応者の顔写真公開〕〔既存客の声公開〕
①【自社の商品やサービスを知ってもらう】〔無料ツール情報発信〕〔各種広告〕〔交流会や勉強会等〕
大きく分けるだけでも６個の段差ができます。勿論、各段差もさらに細かく段差を拾い出すこと

は可能です（〇部）。大きく分けてさらに段差になりそうなことを細かく分ければ分けるほどいいと思います。

段差を拾い出すと、当たり前ですが、②～⑤を飛び越えていきなり⑥を達成するのは難しい、お客様目線から見た場合、段差がかなりあることを理解しやすいと思います。

信頼関係を既に構築できている顧客や知人等は別かもしれませんが、信頼関係を一から築いていく必要のある新規のお客様に対しては、広告や情報発信の目的は①②に絞ったほうが実践経験上もお勧めです。

低段差広告を実践される方はぜひ「〇」の部分を自社業界に置き換えて、可能な限り段差を沢山拾い出しお客様から見たときの段差が低い広告を実践×データー集計×改善（ＴＴＰＡを含めた）を〝必ず〟繰り返しぜひお客様が喜ぶサービスの構築にも役立てて欲しいです

5　低段差広告の進化形！〝ＬＳＲゼロ広告〟で営業マンゼロになる？

また訳のわからない言葉が出てきました。

ＬＳＲゼロ広告とは、お客様目線で見たときに

Ｌ＝Ｌｏｗ（低い）＋Ｓ＝ｓｔｅｐ（段差）＋Ｒ＝ｒｉｓｋ（不利等を受ける危険や不安）これら

を限りなくゼロにしようという目的を持った広告のことで、勝手につくった造語です。

低段差については先程述べたとおりですが、さらに今度は低段差にリスクゼロをかけ合わせることで広告を進化させる手法です。

この手法は、普通に使われている業界もある手法ですが、リスクゼロが業界で使用されてない場合効果はお墨付きです。お客様に他社との差別化＋リスクを与えない自信の裏返しが堂々と公開できます。

ただし、商品やサービスが業界内では優れているとかではなく〝お客様に喜んでいただけるレベル〟というのが実践の最低条件にはなると思います。

場合によっては諸刃の剣になりますので、商品やサービスには自信がある＆お客様を喜ばせる自信はある!!　という社長は導入を検討してみてはいかがでしょうか。

では、お客様目線のリスクを限りなくゼロにする方法とは、大きくわかりやすく言うとお客様に提供している商品やサービスに〝返金保証〟や〝成果報酬〟を付けるということです。

これを実践すると勿論お客様のリスクは減りますが、自社のリスクは増えます。

ただし、別の言い方をすれば「自信があるのでリスクはすべて自社が負います、まずはぜひ気軽に問合せください」と自信満々のフレーズに変わります。

例えば、あったらいいな＆面白いなと思っている妄想をご紹介します。

・○○食限定「美味い!!」と言わせられなかったら〝全額返金〟の料理店やお寿司屋さん等、
・もし家族全員「まずい!!」と思われたら〝全額返金〟(要まずい署名)の飲食物通販や露店等。
・「売れる物しかつくりません!!」と言える〝成果報酬型〟の広告会社やホームページ作成会社等。
・「バレンタインチョコ1個ももらえなければ」〝全額返金〟のお任せカットがある理美容室等。
(お任せカットも複数提案から選んでもらい、ぜひ店主からチョコプレゼントしてみては?)

実際にこのようなお店があったら面白いし、ちょっと興味が沸きませんか。さらには覚えてしまいそうですよね。

当社の場合

次に、各段差ごとにお客様リスクをゼロに近づけ〝LSRゼロ広告〟をつくることに取り組んでいる事例として弊社の取組みもご紹介いたします。

まずは先程の低段差の拾い出しに書き出した項目のお客様がよく不安に思うリスクと対策を拾い出してみましょう。

②「電話やメール来社等による問合せ」時のお客様の不安やリスクと軽減対策

〔後からしつこく営業電話や営業マンさんが来るのでは? 高いこと言われたらどうしよう?〕
対策:一切行わないことを広告物に明記、営業マンがいないことと担当職人が点検から施工まで対応することも明記。さらには参考価格も掲載。

〔仕事が忙しく営業時間内に問合せできるだろうか？　夜何時まで電話大丈夫なんだろう？〕

対策：夜8時迄電話対応の掲載＆ホームページ等はメール問合せ24時間受付。

〔どんな人が対応するのだろう？　怖い人がきたらどうしよう、相見積りと言って怒らないかな？〕

対策：対応責任者の顔写真付きにしチラシ等は経験年数やプロフィールまで掲載。相見積りに使ってください！　＆最低2～3社での相見積りの推奨を掲載。

⑤「見積書の提出」時や⑥「契約」のお客様の不安やリスクと軽減対策

〔しつこく説明されるのでは？　必要なときだけ説明して欲しいのに…、手抜き工事をされたら…〕

対策：まずはゆっくり検討いただくため〝見積書は郵送〟対応。さらに手抜き工事をしない根拠を見積書に記載。また〝ご満足いただけなければ工事代金請求致しません〟と覚悟を明記。

弊社のチラシや名刺、ホームページ等には「ご満足いただけなければ工事代金請求致しません」と明記しているのですが、たまに同業者の方などから「こんなことよく掲載できるよね？」「うちは無理だ、大変なことになる…」等おっしゃる方がいらっしゃいますが、業種的に完成品を提供する商売ではない分、満足いただいた対価が工事代金だと思っているので、お客様が満足いただくものを提供するというが最低限のことで当然のことだと考えております。

勿論、お客様より改善の御指摘をいただくことはあります、しかし最終的には工事代金をいただけなかったお客様は過去お1人もいらっしゃいません。それだけ塗替えの塗装と防水〝だけ〟は自信あるサービスを提供しているという自負もあります。

この〇〇だけはお客様を満足させる自信がある!! というところまで絞り込み、さらにPPTDとLSRゼロ広告とかけ合わせ、お客様の各段差を細かく1段ごとをできる限り低くし、リスクを可能な限りゼロに近づける努力と覚悟を示せば1軒1軒営業して廻る営業マンさんや1日何百件も電話をかける必要は、よっぽど無茶な成長をさせようとしない限り必要ないと個人的には思っております。

6 〝LSRゼロ広告〟VS〝売れない営業マン〟

よく技術職や技能職、生産職の方々とお話をしていると、直販や脱下請け、売上UPのためには営業マンを欲しがる方がいらっしゃいます。

確かに営業マン自身の〝給与の最低10倍以上〟(利益率にもよりますが)を〝毎月継続的に売れる〟営業マンさんなら会社としてもメリットがあると思います。

ただもし現在営業マン不在で生産卸や下請業務単体で企業活動されている場合、個人的には強く反対させていただきます。その理由は、次の点です。

・給与の最低10倍以上の売上を継続的につくり続ける優秀な営業マンをどこから採用されますか？
・新しい営業マンに、自社の想いまで反映できるように誰がどうやって教育指導されますか？
・売上をつくれない営業マンが売上をつくれるようになるまで、給与を含んだ毎月20万～30万以上増加する固定経費の増加費用を何か月、何年払えますか？
・誰でも最低限売れる営業マンにするためのノウハウや持たせる〝武器〟（営業グッズ）等の戦力は十分ですか？
・給与を支払い続け会社に利益貢献する前に、営業マンが退職したらその損失は問題ないですか？
・仮に会社に継続的に利益貢献してくれていた優秀な営業マンが引き抜かれたら？　退職したら？

いかがでしょうか。改めて考えるとゾッとしませんか？

昔、売上を急激に増大させようと考えていた20代前半の若き生意気な勘違いしていた年商３０００万程の塗装屋の社長が、営業マンを育てる仕組みも最低限売れるようにするためのノウハウやマニュアルも〝武器〟も、さらには資金力や知識、経験や信用等、会社としてすべての戦力が何もかも不足し不十分な状態にも関わらず（気づかず）、ただ売上を増やさなければいけないと売上第一主義になりました。

当時は恥ずかしながら、売上増＝営業マンが必要という浅い考えです。とにかく営業マンの募集をします。そして面接希望者が中々集まらず、採用条件を改善していきます。このとき、すでに目的が売上を増やすことから営業マンを採用することに変わっていることすら気づいていません。

唯一面接に来てくれた方を月給20万円＋歩合給、社保や厚生年金付という条件で採用します。採用できた喜びも束の間、当然売上を増やすことができません。逆に不慣れながらも教えたり指導したりすることに時間を取られます。そして、1か月また1か月と凄くスピードが速く感じる感覚で給与支払日が迫ってきます。営業車両や営業活動のための経費、社会保険料や厚生年金の会社負担額なども売上は増えないのに容赦なく迫ってきます。

最終的に〝もう無理…人生ここまでか〟というところまで追い込まれてやっと目が覚めます。

なぜ根拠のないうえに、確率で計算できない状態で営業マンさえ採用できたら売上を増やすことができると現実逃避的な妄想にすがっていたのか？

①の「自社の商品やサービスを知ってもらう」、②の「電話やメール来社等による問合せ」だけで考えたら広告で対応できるのではないのか？　戦力を増やすまでの今は⑥「契約」までの残りは自分が働く時間を増やせば対応できるのでは？

売上だけが上がっても、会社や社員を守る利益を残せなければ意味がない。家族を守れるだけの手取りがなければ意味がない…、急激に無茶して増やす売上より増殖するかのように増える売上のほうが自分には合っているのでは…。

〝無料からでも実践できるＬＳＲゼロ広告＆少額～10万円もあれば色々試せるＬＳＲゼロ広告〟

ＶＳ

〝売れるかどうかわらない月額20万円～30万円以上必要な営業マン〟

社長はどちらを試しますか？

もしＬＳＲゼロ広告だ！　と思われた社長、ぜひ○○だけは何処にも負けない自信がある!!○○だけはお客様を満足させる自信がある!!と言えるところまで絞り込み、そのように言える社長で売上を伸ばす必要がある、直販も行いたいと思っている場合〝ＬＳＲゼロ広告〟を実践×データー集計×改善（ＴＴＰＡを含めた）を繰り返してほしいです。

そして、お客様を喜ばせ、御社の業界＆業種の風雲児になってお客様のためにならない部分の業界改善、そして自身は勿論、家族や社員さんたちも守り続け、周りも笑顔にできる経営者が技能職や技術職、生産職で増えるお手伝いになれれば嬉しいです。そのような想いがありさらに実践される経営者の方…ぜひ弊社と提携＆連携させていただきたいです。

本書のタイトルにもなっている〝稼ぐ技術〟ですが、後ろ指刺されるようなことをしてでも稼ぐという方は論外ですが、今までお会いした技術職や技能職の社長さんたちの多くは真面目で真剣に仕事に取組んでいる方が多いです。

お客様を喜ばせる対価であり家族や社員の生活を守るための〝稼ぐ技術〟は恥じることでも後ろめたいことでもなく、とても誇らしいことだと私は考えております。

番外編2　スタッフから見た会社と吉松良平「前職の先輩職人であり現総職長（職人の長）からの視点」

最初の出会いは、以前勤めていた塗装会社に吉松くんが営業として入社してきました。

当時の第一印象は営業のはずなのになぜ作業着を着て一緒に現場に入るのかな？　めずらしいなと思ったのと、他にも営業は何人かいたけど仕事をいただいてくるのはいつも吉松くん…「コイツ何者！」。

さらには、〝自腹〟で職人に作業着の制服を支給し、名刺まで支給し始める。その上、使い捨てカメラを支給され作業中の写真を撮らされる。さらにさらにマナーや身だしなみとかまでとにかくうるさかった。（今になってみたら人として当たり前のことを言っていたんだと感じます）。

何年かして吉松くんがノレン分けで独立して自分はそのままの会社に残りました。何ヵ月かすると仕事が減り吉松くんが、居なくなったことに不安になった自分がいました。そして「吉松くんのところで働かして…」と相談にいったのを思い出します。

それからいろんなことがありました。法人化され嬉しかったこと、会社がやばくなり2人になったこと、2人で頑張って建て直しを努力したこと、2人きりの忘年会をしたこと…。このような状況でも、自分が年上だけど吉松くんについていけば絶対間違いないと心の中で思っていました。

それから少しずつ会社も立ち直り新しい職人や事務員も入りたどり着いたかなと思いました。ところが〝子供と働ける職場を創る〟その次に〝不動産の再生賃貸業〟さらに〝塗装職人専用FC〟「おい!!お前何者?!」と思う日々で付いていくのが必死な自分がいました。

しかしその何十倍何百倍も必死だったのが吉松良平だった。

（※続編は【番外編3】へ続く）

第8章

〝喜ばせる〟
⇓
〝驚かせる〟
⇓
〝感動させる〟。
感動評価の
お客様が増えれば
営業マン不要?!

1 〝喜ばせる〟のは当たり前！　その先の〝驚き〟と〝感動〟を目指す!!

突然ですが、私は〝本物の職人〟が大好きです。そして〝職人気質〟という言葉はもっと大好きです。（伝統職人気質継承協会という社団法人を設立するぐらい大好きです）

よく頑固なイメージで使われる言葉ですが、本来の意味を踏まえて私が考える職人気質の意味は

【壱】自分の技術に自信を持ち（技術＝物事を取り扱ったり処理したりする方法や手段や技）。

【弐】安易に妥協せず（安易＝たやすく気楽でいい加減に）。

【参】金銭のために筋を曲げず（筋＝物事の正しい筋道の道理で人として行うべき正しい道）。

【四】納得できる仕事だけをする（納得＝他人（お客様）の考えや行動などを十分に理解して承知すること）。


この個人的解釈の〝職人気質〟ではありますが、恐らく真面目に真剣にプロ意識を持って仕事に向き合われながら、お客様や世間にも向き合われている方や社長、経営者の方なら職種関係なくもっておられるのではと思っております。

現在の職業で生計を成り立たせている方は、お客様からしたら年数関係なくその職業のプロでいてもらわないと困ります。

また勝手な解釈ではありますが、大きく商売や企業活動を分けるとお客様は何かしらの喜びを得るためその対価として金銭を支払い、最初から不快を得る目的でその対価に金銭を支払うのはないと思っております。

だからこそ、皆さんと同じように〝お客様を喜ばせる〟のは当たり前のことだと思っております。

もし、その喜ばせる当たり前のことをいい加減に妥協し続けても「不快の提供×お客様数の限界値＝いつかは倒産」と、お客様は勿論、会社も自身も周りも誰も喜ばない結果になると客観的にみると簡単に想像できると思います。

喜びを与える商品やサービスを提供するのは当たり前とわかっているが、現在の業界では「参」「四」を貫くのは難しいと思われる方も多いと思います。「確かに難しい…」と思われた社長！　稼ぐ技術も共に磨きませんか？

そのため今まで紹介してきたノウハウも駆使してお客様からの沢山の支持をいただき、その対価として売上と利益を増殖させていく手法では、多大な費用もリスクも少なくて済みます。

すべてのお客様を喜ばせるのは至難の技ですので、自信がある分野だけに絞り込み、さらにＰＰＴＤ（ピンポイントターゲット層）を絞り込み、ＬＳＲゼロ広告（低い段差でお客様のリスクを限りなくゼロへ）の費用対効果を高めることを意識して、１歩ずつコツコツと実戦の場で実践×データー集計×改善（ＴＴＰＡを含めた）を繰り返して、自社のお客様を喜ばせる当たり前レベルをＵ

Pしていくと、いつの間にか〝喜び〟＋〝驚き〟も一緒に提供できた手ごたえを得られようになると思います。

〝喜び〟＋〝驚き〟の提供が当たり前に思えるようになったら恐らくリピートや紹介のお客様がかなりの割合になっていると思いますよ。そして「参」「四」も当たり前だよねと言っていると断言します。

共に〝カッコいい〟〝稼げる〟〝家族に誇れる〟新しい3K職を増やしていきましょう。

2 お客様から〝驚き〟と〝感動〟をいただくために?!

では、まずお客様に〝驚き〟をいただくためどのような取り組みをしているかですが、弊社の取り組みとしては、業界や職種へのイメージを逆手にとり予想外のギャップを提供するようにしております。

具体的に、「塗装屋」「塗装職人」と聞いたらどのようなイメージをされますか?

一般的に良く言われるのが「シンナー吸ってそう」「学生時代やんちゃだったでしょ、怖そう、話し難そう」「マナーが悪そう」「コミュニケーションが難しそう」と、要はあまり良いイメージを持たれておりません。

そこで、まずはその業界のマイナスイメージを逆手に取るため、逆に思っていただけるように1

つひとつお客様目線で改善します。

・「怖い」イメージを少しでもなくすため、【黒髪厳守】【統一した制服着用】【笑顔目線の挨拶の徹底】
・「マナーが悪そう」なイメージを少しでもなくすため【危険時以外大声禁止】【下ネタの会話禁止】
・「コミュニケーション不足」から発生する不安を少なくするため、【シーンごとのマニュアル作成&講習】や【名刺にニックネームやプロフィール等も掲載】し親近感を持ってもらいやすくする。
・車両や現場の見た目も綺麗に整理整頓できるようひたすらチェック&指導の繰り返し。
・休憩場所の禁止場所と推薦休憩場所と方法のルールをつくりチェック&指導の繰り返し。

このように当たり前のこと、すぐできることをまずは改善し、ルールを決め、ルールを守ることを当たり前にでき始めたら、その後サービス業のような研修をしていきます。

・お客様と会話や応対する際は〝ハイ〟と〝両手〟と〝笑顔目線（鼻目線ＯＫ）〟の研修&実践。
・お客様と対面する場合、まずは2歩以上の距離をあけ威圧感を減らすため、半身で接する研修。
・初めてのお客様に両手の笑顔目線で名刺をお渡しできるよう、最初の挨拶の模擬研修の繰り返し。
・工事着工前のお知らせと工事完了後の御協力への感謝のお知らせ配布ルールの研修&実践。
・契約（約束）通りの仕事をさせていただいている証拠写真の撮影ルールの研修&実践。
・工事期間中お客様から「ありがとう」を10個以上いただくことを目標に定める。
・工事最終日のチェックと清掃はお客様から「そこまで…」と言われることを目標に定める。

業種によっては当たり前のことですが、塗装業界でここまでされる所は少ないと思います。

〔図表 32　マニュアルカバー写真〕

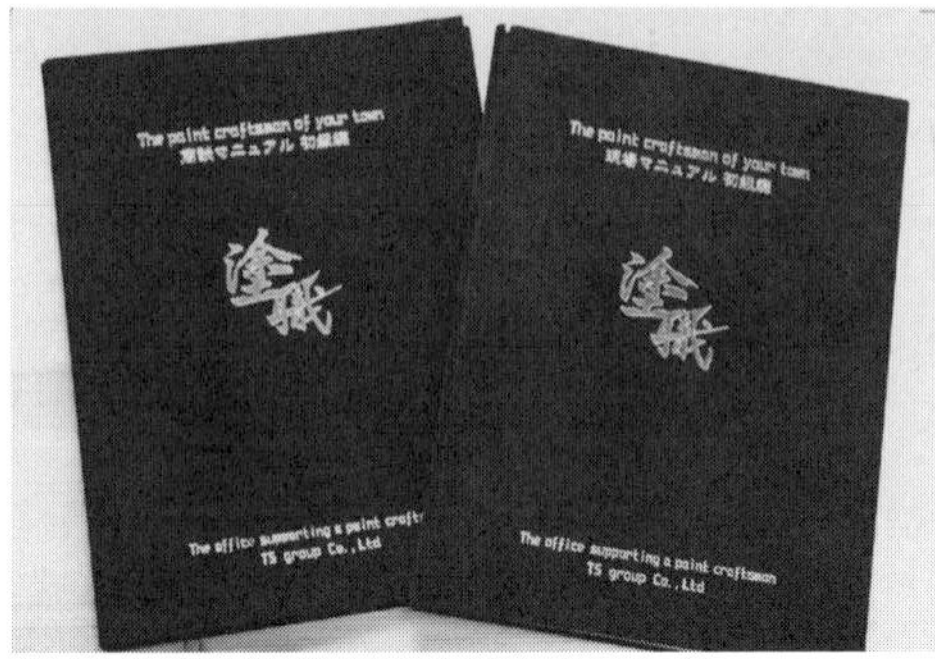

〔図表 33　マニュアル中身写真〕

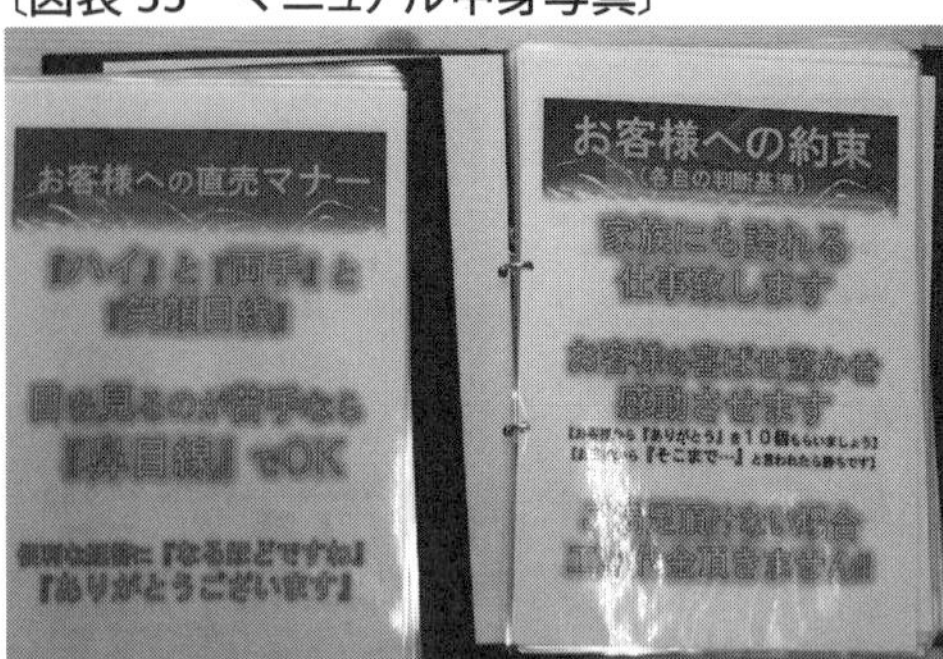

〔図表 34　マニュアル中身写真〕

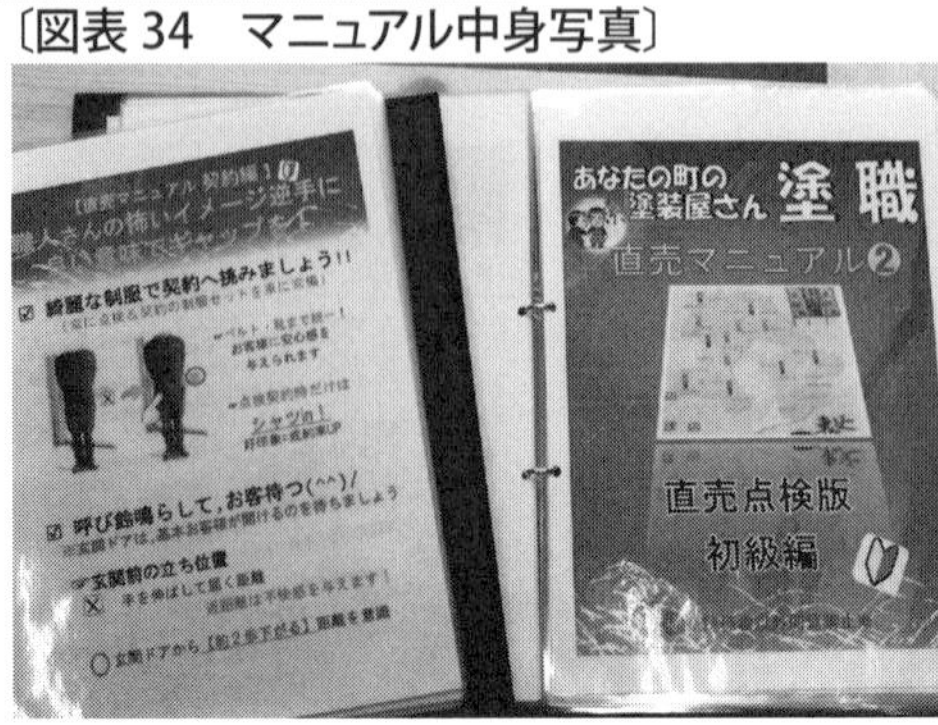

〔図表 35　研修写真〕

〔図表 36　研修写真〕

〔図表 37　研修写真〕

〔図表 38　作業報告書カバー写真〕

〔図表 39　作業報告書中身写真〕

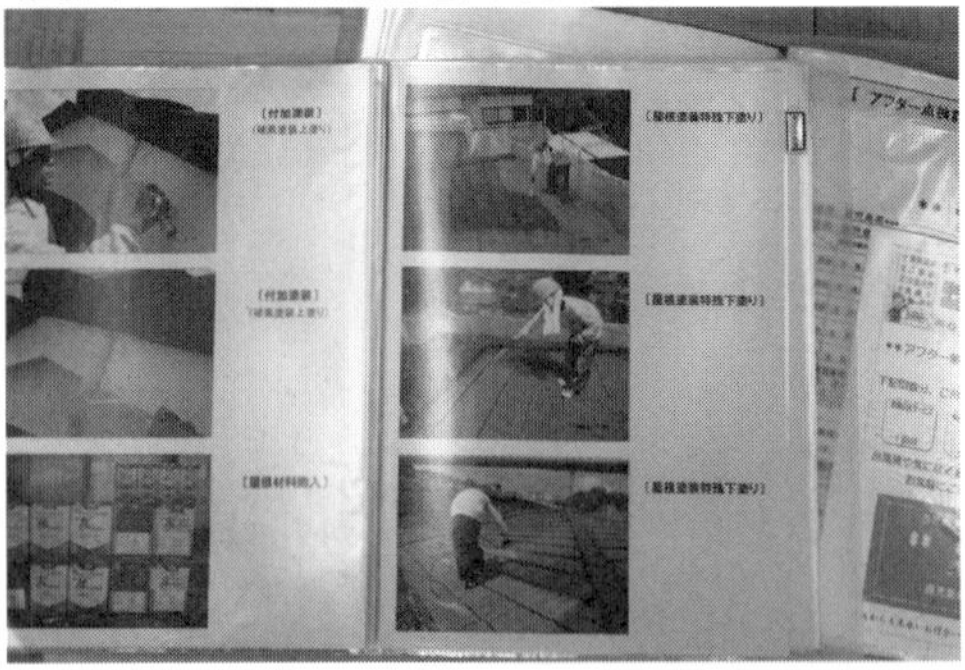

〔図表 40　作業報告書中身写真〕

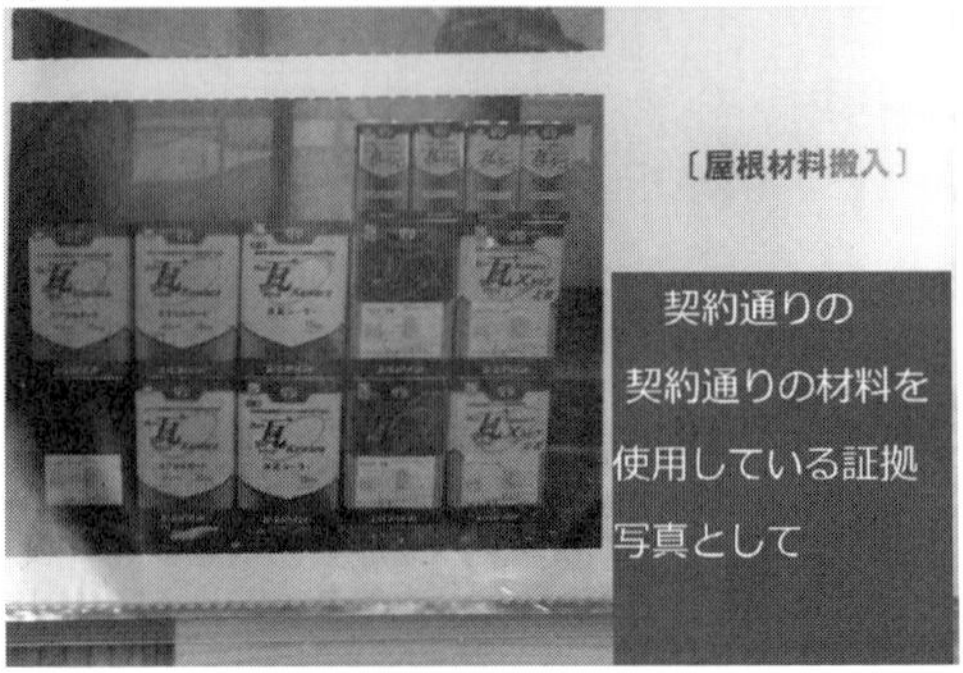

サービス業などでは当たり前にマニュアルを作成したり接客の研修を行ったりとされている企業さんも多いとは思いますが、業界のマイナスイメージを逆手に取るためにＴＴＰＡ（他業種から徹底的にパクッてアレンジ）し実践を繰りして当たり前のレベルを〝業界の当たり前〟より高めます。

勿論、営業マンや接客業の方のようにはできませんが、イメージギャップを上手く使うことのような努力をして実践しているだけでもお客様より〝驚き〟をいただける確率が上がることが長年の経験で確信できました。

さらに、お客様に〝驚いていただくため〟と完成品を販売契約できない職種上、どうしても契約通りの仕事をしたのか？　手抜き工事等はないのか？　等不安や心配を少しでもなくすため、約束通りの仕事をさせていただいた証拠として、民間工事でも写真付きの作業報告書を作成し提出しております（図表38〜40）。

お客様より〝驚き〟をいただくための、弊社の取り組みと自論をまとめると、次のようになります。

・業界や職種へのマイナスイメージを逆手にとり予想外のギャップを提供できるよう改善を繰返す。
・自社の当たり前ＬＥＶＥＬを業界の当たり前より高める。
・経営理念同様、自社基準やルール（マニュアル）を明確に定めて、さらには場面毎の目標を定め研修や実践を繰返す（図表32〜37）。
・お客様の不安や心配を少しでもなくすため、良い仕事を提供した根拠と証拠を可能な限り積み重ね。

る。

〝驚き〟をいただくには、お客様の予想を上回れたときや予想外の〝喜び〟の積重ねでいただくことができる

さらに〝感動〟をいただくには、その〝驚き〟の積重ねで〝感動〟への道筋がやっと見える。またこの実践と改善の繰り返しに終わりはないと思っています。

3 〝感動〟への道筋の模索にお客様から直接意見をいただく

お客様から〝感動〟をいただくには、業界の当たり前LEVELやお客様各自の性格や過去の経験、さらには各お客様にとって何が予想外の〝驚き〟の積重ねになるのか？　正直この模索への終わりはないと思っております。

かと言って現状のままだと、業界全体の当たり前レベルが上がり、何処にでもある普通の会社になってしまっていたり、差別化レベルも気づかないうちに下がり、いつかはお客様からの支持をいただけなくなり企業の衰退が始まる不安にかられます。

だからお客様のことはお客様に聞くのが一番でしょ♪　と10年以上実践を繰返しているのが次のお客様アンケート各種（図表41～43）。

〔図表 41　顧客アンケート全体〕

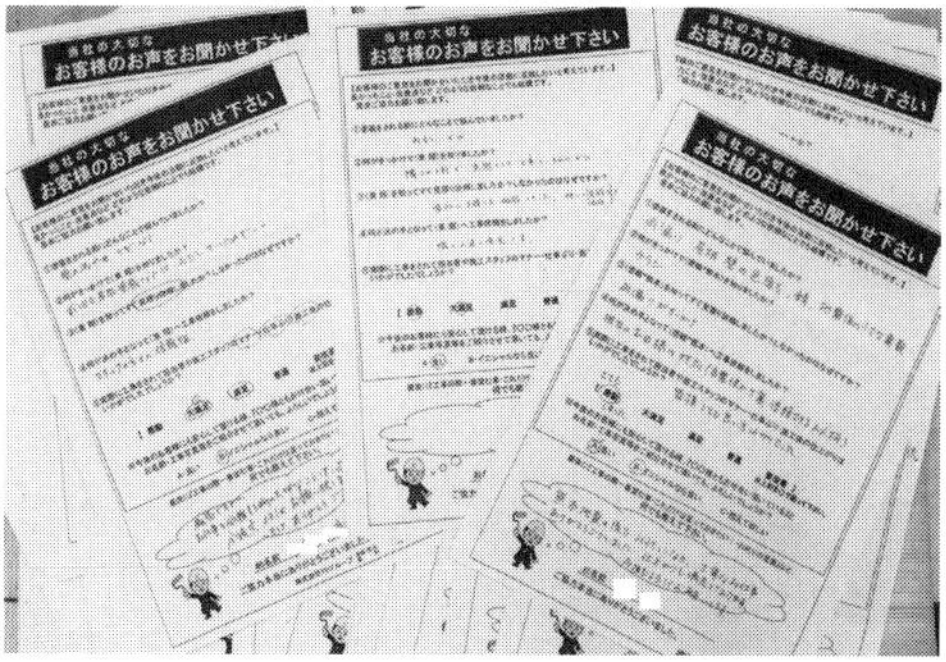

〔図表 42　顧客アンケートズーム購入決定部〕

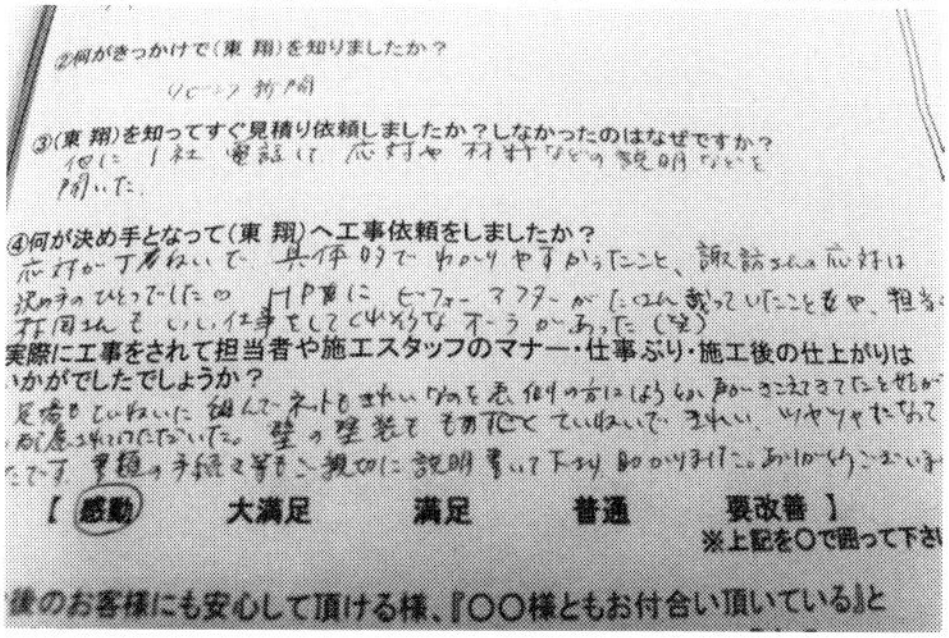

②何がきっかけで（東 翔）を知りましたか？
リビング新聞
③（東 翔）を知ってすぐ見積り依頼しましたか？しなかったのはなぜですか？
他に１社 電話して 応対や 材料などの説明などを聞いた。
④何が決め手となって（東 翔）へ工事依頼をしましたか？
応対が丁寧で 具体的で わかりやすかったこと、諏訪さんの応対は決め手のひとつでしたの HP等に ビフォーアフターが たくさん載っていたことなど、担当の花田さんも いい仕事をしてくれそうなオーラがあった（笑）
実際に工事をされて担当者や施工スタッフのマナー・仕事ぶり・施工後の仕上がりはいかがでしたでしょうか？
【 感動　大満足　満足　普通　要改善 】
※上記を○で囲って下さ
後のお客様にも安心して頂ける様、『○○様ともお付合い頂いている』と

〔図表 43　顧客アンケートズームフリー部〕

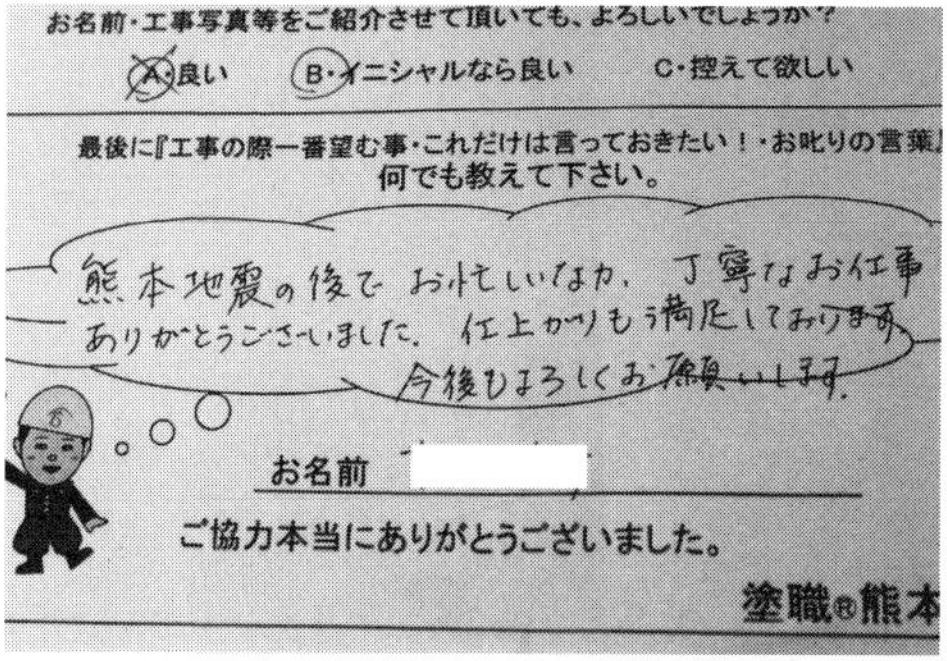

お名前・工事写真等をご紹介させて頂いても、よろしいでしょうか？
A・良い　B・イニシャルなら良い　C・控えて欲しい
最後に『工事の際一番望む事・これだけは言っておきたい！・お叱りの営業
何でも教えて下さい。
熊本地震の後でお忙しいなか、丁寧なお仕事ありがとうございました。仕上がりも満足しております。今後もよろしくお願いします。
お名前
ご協力本当にありがとうございました。
塗職®熊本

❶契約いただき施工を実施させていただいたお客様用アンケート

まず1つ目は、実際に契約をいただき工事をさせていただき、顧客となっていただいたお客様へのアンケート（図表41〜43）です。

既に実践されている方も多いでしょうが、実践されてない社長！　お金もかからず凄くためになりますから、騙されたと思ってぜひ実践×改善を繰返してみてください。

その理由として質問項目次第で沢山のメリットをお客様から直接教えていただけます。

・依頼前に悩んでいたこと等の本音を聞けることで〝ＬＳＲゼロ広告〟やサービスレベルのＵＰや改善のヒントを教えていただけます。

・依頼の決め手の本音を聞けることで、自分たちでは気づいていない自社の強みを教えていただけ〝差別化レベルをＵＰするため、より集中して強化するべきポイントのヒントを教えていただけます。

・お客様より直接〝褒めていただく〟〝お叱りをいただく〟ことで会社もスタッフもルールやマニュアル、さらには各種ツールまでも成長できるヒントを教えていただけます。

・お客様の最終評価を数値化でき、〝感動〟評価とそれ以外の評価との違いの理由を知るヒントをいただくことで、〝感動〟をいただく道筋が少しずつ明確になるキッカケをもらえます。

（直近の年間全店舗平均評価：感動15・8％、大満足47・4％、満足26・4％、普通8・9％、要改善1・5％）

〔図表 44　見積止アンケート全体 & 束〕

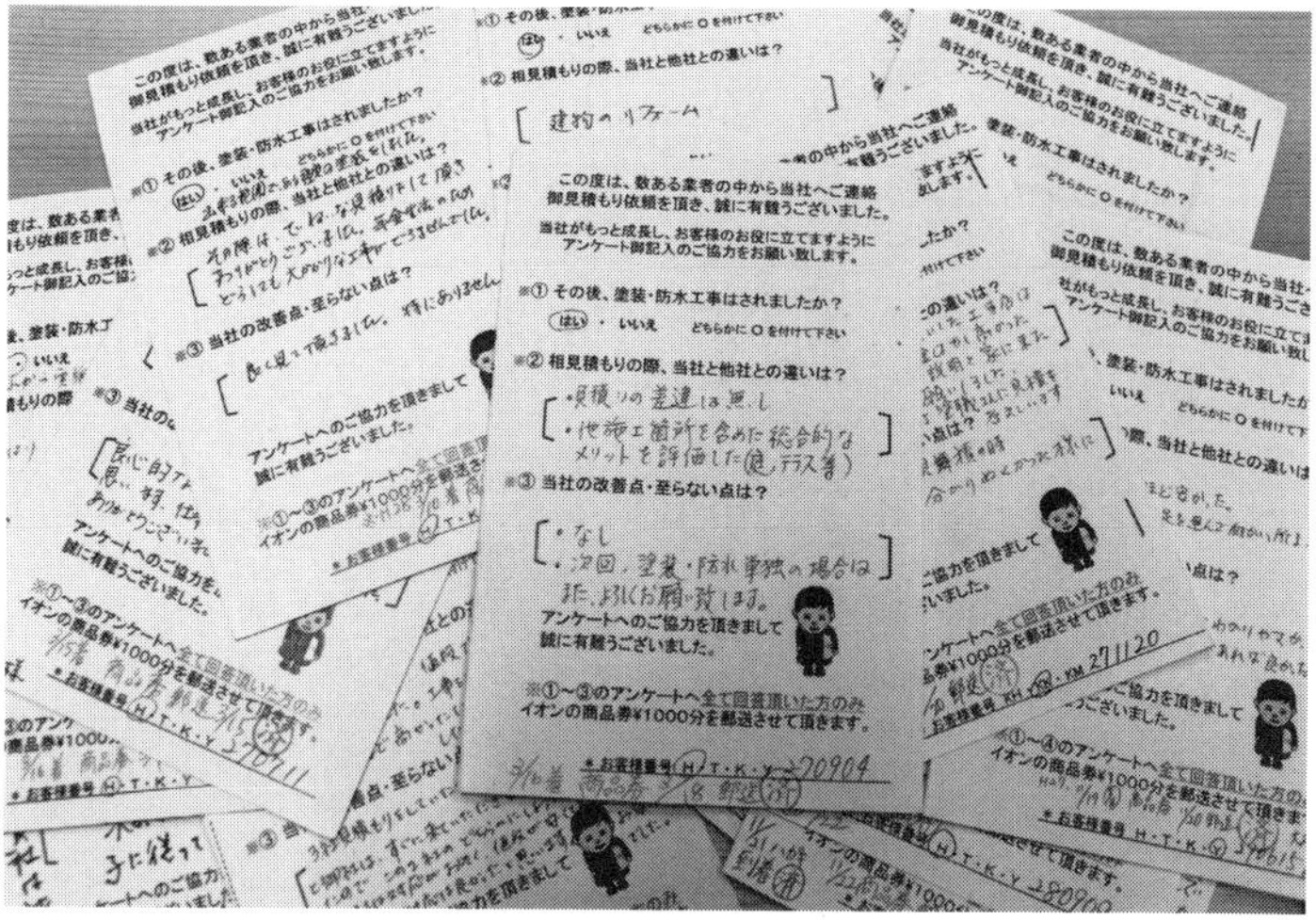

〔図表 45　見積止アンケートズーム〕

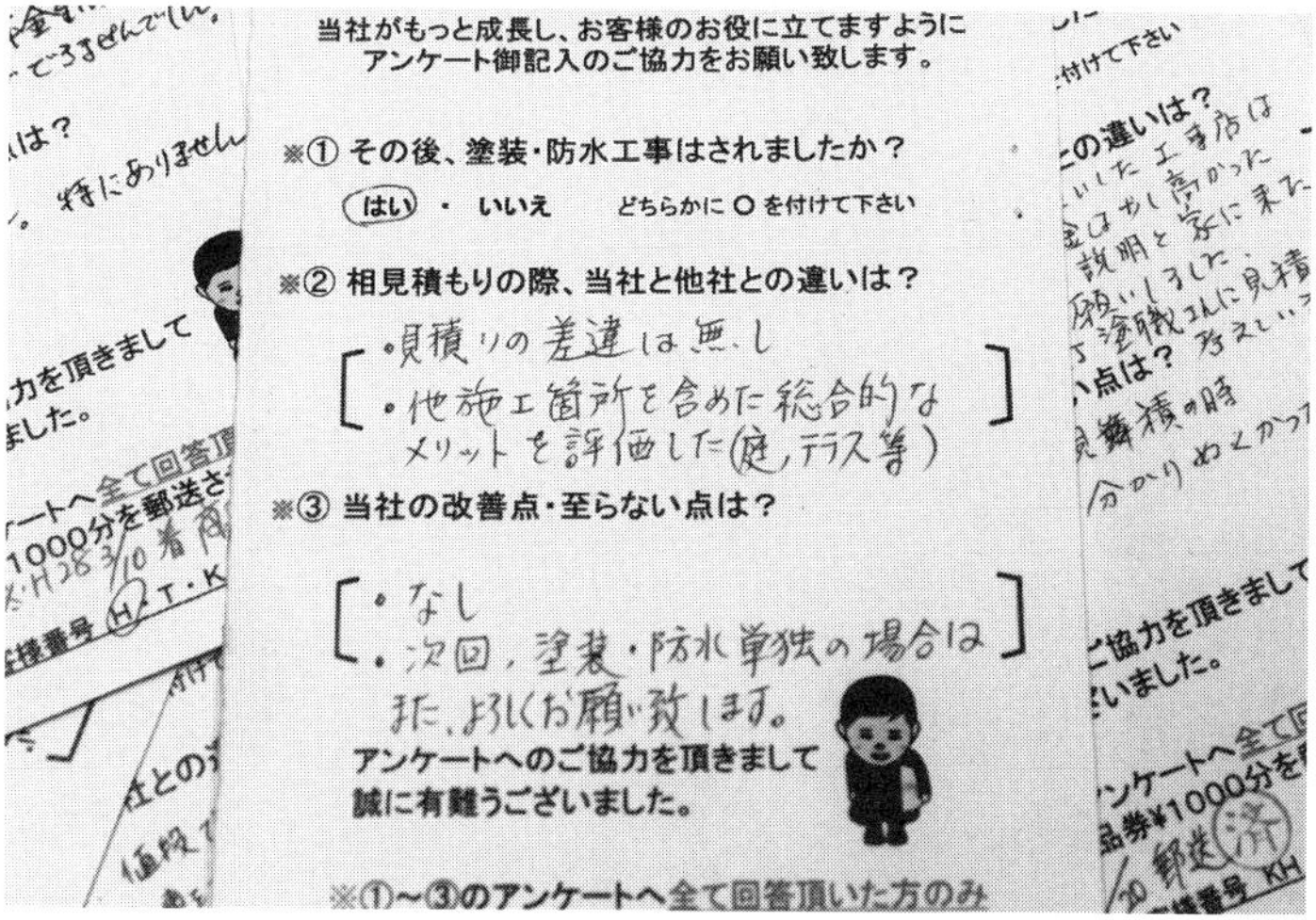

※初めてアンケートの実践に取組まれる方で、あまりショックを受けたくない方は〝大満足〟を最大評価にすることをおすすめ致します（評価項目例：大満足・満足・普通・要改善）。

❷契約に至らなかったお客様&見積り発送後一定期間過ぎて連絡のないお客様用アンケート

契約に至らなかった理由や他社さんへの決め手、他社より至らなかった点等も直接聞く！

そのため、見積りの郵送後一定期間過ぎたタイミングで使用するアンケートも実施しています。せっかく見積りまでさせていただいたお客様ですので、理由を教えてもらえると非常に改善点の拾い出しに繋がります（図表44・45）。

4 なぜ〝感動〟をいただくことに執着し、なぜ〝感動〟をいただくことを追い求めるのか？

こだわりの1つに、「飛込営業ゼロ!!」「営業マン0人!!」「見積書も安心気軽な郵送対応！」というどうしてもここを妥協したくない、曲げたくないという想いがあります。

その理由の根底に、営業マンを挟まず、点検に来た職人が直接工事までも担当し、最初から最後まで責任持って自分施工を各店長職人たちが行うことが、直売の塗装屋という事業コンセプトを守るため、さらにはこの営業マンを不要とするこのスタイルこそ、現場と施工の高い質を維持しさらに高め、その上適正価格で提供することこそがお客様は喜んでいただけるという信念と職人も職人気質を貫くスタイルという信念があるからです。

しかしこの営業マンを挟まない、塗装職人の直売スタイルを維持進化させるためには課題がありました。飛込営業や電話営業を行わずとも、点検と見積りをさせていただける仕組みをつくらなければいけません。

勿論ＰＰＴＤ（ピンポイントターゲット層）に絞り、ＬＳＲゼロ広告も実践を続け有難いことにお客様からの問合せや見積り依頼もいただけるようになりましたが、より安定した成長をするためには、当然リピートや紹介をいただける確率を増やさなければいけません。

業界的には、１軒のお客様目安の塗装工事の周期が10年程になるので、どれだけの新規のお客様から工事をいただけるか、常に新規で契約を取って動かさないと収益に結びつかない単発で都度仕事を請け負うフロー型ビジネスの考えが多いなと感じていました。

しかし、フロー型ビジネスの考えのままでは仕事があるときとないときの差が激しい、元々天候や季節等にも影響を受けやすい塗装業で、この差を仕方ないと放置してしまえばいつまでたっても安定雇用等できない。どうにかして点検と見積りをさせていただく年間平均件数の確率の蓄積はできないか？

さらに事業の安定感を増やすため、長くお付き合いいただく価値ある塗装屋になりさえすれば、年間の工事件数自体も安定感を蓄積できるストック型ビジネスの融合ができないかと考え自分の中にでた答えは、最初の10年は長いかもしれないが、最初のお付き合いさせていただくときにお客様を最低〝喜ばせ〟そして〝驚かせ〟〝感動させる〟ことができたら、そして勿論アフターのお付き合いをしっかりし、最初の10年さえ乗越えれば、その後は毎年少なからずリピート工事の受注件数を蓄積させていただけるはずと自分に言い聞かせて13年以上実践と改善を繰り返してきました。

その結果、一番実践と改善の繰り返し年数の長い弊社本店での直近1年間の御契約の各割合は、次のようになりました。

・広告等がきっかけの新規契約分は全体の37％
・昔のお客様からのリピート依頼の御契約分は全体の39・1％
・ご紹介等がきっかけの御契約分は全体の23・9％

年間御契約件数の約63％もの件数がお客様からのリピートとご紹介で受注させていただいていることになります。

さらにこの割合は1年ごとに約5％位ずつこの数値は上昇しており、本店単体で言えばもう何年も新しいチラシを折り込みは勿論、作成すらしていない状態になり、当然広告費をほとんどかけていない状態です。

それなのに契約高は増殖させていただいているという非常に有難すぎる実践結果を実現できています。勿論「飛込営業ゼロ!!」「営業マン０人!!」「見積書も安心気軽な郵送対応！」このこだわりは曲げずに貫かせていただいたままの実践結果です。

5　〝感動〟をいただくことを追い求めることはおすすめ

13年以上の実践結果から、技術職であってもお客様から〝感動〟評価をいただくことに執着し追い求めることは非常におすすめできると自信を持って断言できます。

同じく職人気質好きだなと思っていただけた社長、自身も感動評価をいただくことを追い求めることを貫き続けたいと思われている社長、共に職人気質を貫き続けるための1つの手法として、お客様を喜ばせる最大進化形の感動いただくことを追い求めませんか。

そして、共に昔３Ｋ（キツイ、汚い、危険）と言われた業界を〔カッコいい、稼げる、家族に誇れる〕次世代があこがれる、新しい３Ｋ業界にしていきませんか。

6　営業マンＶＳ感動評価をいただけた300人のお客様

勘違いされては困るのであえて言うと、営業マンの方を敵対視しているわけでも嫌いなわけでもありません。昔、社内外問わず苦い経験をさせていただいたこともあるので好きではない営業マンの方も勿論いますが、その反面やはり尊敬させていただいている営業マンの方もいらっしゃいます。

ただ、本書で述べさせていただきたいのは、技術職や生産職の社長さん方で、新たな売上をつくるために、初めて営業マンを雇ったり、増やしたりするのはおすすめできないということです。

理由は前章で書かせていただいたとおりなのですが、そこにリスクを負ってまで投資するよりかはお客様1人ひとりに自社の営業マンになっていただくことのほうがリスクも少なく、お客様にも喜ばれ、結果社長自身も稼ぐ技術の経験値を蓄積し、レベルが上がることで企業の安定感も蓄積できるストック型ビジネス化できるのではと思っております。

そこで、参考にしていただきたいのが、業種やサービスの内容は問わず、もしご自身がご利用されたお店やサービスに対して、良い意味で〝驚いたり〟〝感動〟するぐらい満足された場合どうされますか。

友達や同僚など誰かに話したくなったり、何かの拍子で教えたり伝えたりしたくなりませんか。

そして、教えた相手や伝えた相手にメリットがあり、教えたり伝えるだけで相手に喜ばれる場合さらに伝えたくなりませんか。

熊本県の山鹿市というところを通った際、ふと温泉に立ち寄りました。日も暮れ入浴後でお腹も空いていたのでお店の方に、近所に地元の方がおすすめの飲食店はないか尋ねると、知らない方は見つけることも難しいのではと思うほど、お世辞にも目立たない場所で路地の奥に教えていただいた「地鶏の焼き肉専門店」がありました。

内心は鳥の焼肉専門？…あまり期待しておりませんでした。しかし店の中に入ると雰囲気もよくさらにメニューの中は本当に地鶏の肉のみ!! そして店員さんのおすすめを食べさせていただいた瞬間〝驚き〟ました。鳥の焼肉でこんなにおいしい物があるのか‼　と見事に予想外の美味しさでした。予想外の驚きの連続に食べ終わり店を出るときには、この地鶏の焼肉専門店のこだわりや鶏肉1本で貫く店主の自信に触れ、すっかり〝感動〟させられました。

その後は、社員と山鹿市近くに行ったときは連れて行き、その店の美味しさを自慢したり、また熊本へ行くという知人カップルにおすすめしたり、食べ歩きが好きですという協力企業の担当者さんにおすすめしたり、そして「ビックリした‼」「あんな美味しい鳥の焼肉食べたのは初めてでした‼」等報告されるたびに、勝手に誇らしく思っています、また機会があれば別の方にも教えてあげて勝手に宣伝するつもりでいます。

感動させられた、私1人だけで7名の新規客を紹介していることになります。その紹介で行った新規のお客様もさらに紹介するでしょうし、実際フェイスブック等にも掲載して勝手に宣伝していたことを考えると、1人のお客様に〝感動〟評価をいただくことがどれだけ費用対効果が高いかと実感させられました。どの業種であっても自信が持てる分野やステージエリアまでとにかくサービスや商品を絞り、余分な費用をかけないようPPTD（ピンポイントターゲット層）を絞り、LSRゼロ広告（低い段差でお客様リスクを限りなくゼロへ）で少しでも新規のお客様とのお付き合いをいただき、〝感動〟評価をいただくことを追い続け、感動評価いただけたお客様が100人、200人、300人と蓄積することができたらフロー型ビジネスと言われる業界だとしても、ストック型ビジネスの要素をもった安定感が増えると共に売上も増殖しますよと言い切りたくなります。

社長なら新たに雇う営業マンVS感動評価をいただけるお客様を３００人蓄積させてもらう。
どちらを選びますか？

7　なぜ儲からないと言われる仕事ほど儲かるのか？

一般的に３Ｋ職種と言われた仕事（建設業以外にも多数ありますが、主に肉体労働や過酷な環境の職場）。しかし、その大半の仕事や業種は世の中に必要とされている仕事だと思っております。必要とされてはいるが従来の体質では稼ぎ続けることが難しい、過酷な職場環境で若い成り手が少ない、衰退産業というレッテルで後継者の少ない仕事、大手の新規参入が少ない仕事等々、恐らく人それぞれによって「儲からない仕事」と言ったら多種多様出てくるかもしれません。

では、儲かると言われる仕事は本当に儲かりますか？

・今は儲かると言われていても、大資本で戦力の大きい大企業が参入されてきたら？
・創業者が企業の基礎をつくり戦力を蓄え学生時代から経営の勉強をしてきた後継者と戦いますか？
・学生時代に優等生だった方々がチームプレイをしながら、チーム力で優る企業と戦いますか？
・ハイテクなツールを使いこなす優秀な営業マンさんが多い中で勝ち残り１番になれますか？

儲かると言われる仕事で稼ぎ続けるのは、なんか大変そうと思うのは変でしょうか。

同じように努力をし続け、頑張り続けるのならば、

・家族や大切な人たちを守り続けるため、少しのノウハウとＴＴＰＡで稼ぎ続けさせていただける仕事。
・小戦力でも１点突破すれば、生き残れる可能性が高い業種、業界環境で社長力の経験値を高める。
・業界の普通と少し違うことをするだけで、信念を貫き通し、納得できる仕事を続けやすい業種。
・自信のある分野にまでサービスを絞り込み、まずは小さい分野でも１番の会社になりやすい業界。
・マイナスイメージ（３Ｋ等も含む）の強い仕事ほど、〝感動〟評価を沢山いただけるのでは？
・衰退産業で競合が自動的に少なくなっていくのであれば、生き残るだけで業界Ｎｏ１になれる。

本書執筆のチャンスを頂けたのも、他業種では行っていることであっても、業界内では変わった集客スタイルの「飛込み営業ゼロ!!」「営業マン０人!!」「見積書も安心気軽な郵送対応！」ここにこだわり、さらには外装の塗替えに特化した「直売の塗装屋」という〝立場〟だったからこそだと痛烈に思っております。

もし弊社がリフォーム会社化した塗装屋で、営業マンが活動している事業スタイルの〝立場〟だったら絶対と言っていいほど本の執筆チャンスをいただくことはなかったと言い切れます。

個人的にはやはり、儲からないと言われる仕事ほど「勝ちやすい」「〇〇Ｎｏ１になりやすい」〝目立つことができる〟結果、やり方１つで小資本でもお客様からの感動評価を蓄積させていただきやすく「稼ぎ続ける」確率も高いと思ってしまいます。

社長ならどちらの戦場へ行きますか。

番外編3　スタッフから見た会社と吉松良平「前職の先輩職人であり現総職長（職人の長）からの視点」

〝稼げる職人を全国に増やす〟と塗装職人専用FC事業が始まり、ノレン分けで加盟する元部下、ドンドン加盟店が増えてくる。家族に誇れる仕事をしながら社員より稼いでいる姿が正直羨ましい。

自分も加盟店になりたいと物凄く悩んだが、自身を社長と呼ばせない、年下にも敬語、従業員の家族にも配慮して、中卒であろうと職人であろうと稼げる場所を創ると言い、さらには主婦にも稼がそうとする…信じられないことを現実につくっている。「趣味＝仕事」と言いながら夜中まで仕事したり、疲れているはずなのに夜講演会等にも行ったりしているけど本当は自分たちみんなのため。

しかも今後もなにをするかわからない！　こんな社長いますか？

だから自分は従業員として一緒に稼ぐ。吉松くんの後ろを追い仕事をし、中卒の自分に稼がせてくれ他県出張も行かせてもらい…。

そして家族を持ち、子供も授かりマイホームも買いました。人の出会いは一生物の財産と言いますけど本当ですね。これからも色々とあるよね。だけど一緒に稼ごう！　あえてこれからもヨロシク！

これからも〝家族に誇れる仕事をしていきます〟稼ぐことの意味を教えてくれる会社に感謝。

株式会社TSグループ東翔&塗職　総職長　相良　龍史

番外編4　スタッフから見た会社と吉松良平「元副職長（社員）から現FC加盟店としての視点」

17歳から塗装会社で働き、兵庫からの引越を期に社会保険の付いている塗装会社を探し面接に臨むと吉松さんと相良さんに会いその日の採用決定。入社してまず驚いたことは塗装屋なのに〝制服〟があること、今までは好き勝手な作業着を着ていたのですが〝支給〟ということと〝絶対ルール〟ということでしかたなく従います。

現場に入るとさらに厳しいルールを聞かされます。〝金髪・ピアス・くわえたばこダメ〟など数えきれないルールがありました。今までそんなことを注意される職場はなかったため、少し不安を感じるほどでした。その頃は「ルールやマナーを守れない人間が集まる業界やろ」と曲がった考えの私はよく注意をされたものです。

そして副職長に昇格後も自信を木端みじんに打ち砕かれます。現場の頭で入る人間としてお客様との話し方、お客様目線での姿勢、挨拶の仕方等々。

さらには現場完工が近づくと憂鬱になるくらいの容赦ない完工前のチェック（ゴマ粒レベルの手直しまで！）注意された数は数え切れません。

その後いろいろありながらもFC事業への加盟店として、ノレン分け独立させていただくのですが、今までのお客様目線での徹底された姿勢を凄いと思ったのは正直独立してからでした。

いくらマニュアルや研修があるとはいえ口下手で人見知りで現場1本だった自分が、初対面のお客様のところに伺い点検や契約業務をできるのか？　そもそも契約いただけるのか？

不安しかなかったが研修後1人で点検に行くことになります。営業や接客業の経験等ない私はマニュアル通りするしかない〝立ち位置〟〝目線の位置〟など研修を思い出しながらなんとか点検を終えます。（見積書は事務局（会社）が作成しお客様へ直接郵送）

すると数日後、信じられないことに「御契約依頼です…」と連絡がきます。このとき「凄い！」本当に職人の自分でも「いける！」と確信しました。

勿論まだまだ未熟でお客様満足度の評価をもっともっと向上させるよう勉強することは沢山ありますが吉松さんの指導のもとマニュアル通り行動すれば成長できると思っています。今ではどんな仕事でもやはりお客様がいてこそ成り立つ、だからお客様目線で考え行動するのは当たり前と思えるようになりました。しかしこの〝当たり前〟がなかなか難しいと思います。だからこそその当たり前を追及し続けている吉松さんの姿をみてこれからも成長し続けていきたいと思います。

入社させて頂き、ここまで成長させてくれ、相談も親身に聞いてくれる。そして自分の成長を自身のことのように喜んでくれる…。人生でこの会社に出会えたことに本当に感謝しています。

追伸　出版祝いの飲み会開催してもらえることを楽しみにしています（笑）。

株式会社ＴＳグループ東翔＆塗職　元副職長（社員）・現ＦＣ谷山店 職人店長　日比　政志

おわりに　最後にすべてのきっかけに感謝を込めて

今まで勇気、救い、知識、視点、ヒント等々いただいた著書を御紹介

よく「普段どんな本を読んでいるのか？」「今の自分にどんな本がおすすめか？」等の質問をいただくことがあります。そこで、今まで読ませていただいた本の中で、参考になった本や少なからずヒントをいただいた本を時系列で御紹介させていただきます。

ただし、本は読み手の立場や考え等によっても得られるものが変わると思っております。すべての方に参考になるとは言えませんが、次買う本を悩まれている場合は1つの参考にしていただけると嬉しいです。

《創業前》

・「犬が教えるお金持ちになるための知恵」ボードシェーファー著（草思社）

お金に対する考え方、なぜお金に対しても勉強が必要なのか等参考になった本。子供にもおすすめの1冊だと思っています。

・「小心者の私ができた年収１２００万円獲得法」木戸一敏著（大和出版）

表現はともかく、お客様への説明トークのマニュアル作成等のヒントを得1冊でした。

・「あなたの会社が90日で儲かる！」神田昌典著（フォレスト出版）

集客広告の基礎を学ぶのに非常に参考になった1冊。

《創業～創業5年位までの間》

・「小さな会社儲けのルール」竹田陽一著・栢野克己著（フォレスト出版）

戦略や当面の会社の方向性や活動方法等のヒントをいただいた1冊。

・『「マネ」するマーケティング』岡本史郎著（あさ出版）

・「社長様、店長様。これでお客様が10倍集まる!!」唐土新一郎著（大和出版）

・「当たる『チラシ』はこうつくる」小野達郎著（こう書房）

・「実践1通のＤＭでお客様の心をつかむ法」有田昇著（中経出版）

・「フリー〈無料〉からお金を生み出す新戦略」クリスアンダーソン著（ＮＨＫ出版）

・「儲かる会社はＮｅｗｓづくりが上手い」竹村徹也著（実務教育出版）

チラシや集客の戦略づくり、新聞へのニュースリリースのヒントをいただいた6冊

・「社長さん！　借金の返済額を99％カットする究極の1手教えます」山田高ノ助著（こう書房）

（資金難の時に最悪の場合でも解決策はあると勇気をいただいた1冊

《仕組づくりの時期にヒントをいただいた書籍》

・「お客様からの感謝状」佐藤寛著（実務教育出版）

- 『Ａ４』１枚アンケートで利益を5倍にする方法」岡本達彦著（ダイヤモンド社）
- 「社長！　御社の人件費もう見て見ぬふりはできません!!」和田栄著（すばる舎）
- 「社長！　すべての利益を社員教育に使いなさい」大西雅之著（あさ出版）
- 「小さな会社は人事評価制度で人を育てなさい！」山元浩二著（中経出版）
- 「忙しい社長のための『休む』技術」トニー・シュワルツ、ジーン・ゴメス、キャサリンマカーシー著（ダイレクト出版）
- 「屁理屈なし社長のための時間の使い方」ダン・ケネディ著（ダイレクト出版）

〔金融機関との御付合いや借入交渉等のヒントをいただいた書籍〕

- 「貸出稟議書の作り方と見方」（銀行研修社）
- 「渉外マンのための融資稟議書の書き方に強くなる本」古屋秀治著（金融ブックス）

〔フランチャイズ展開や社団法人立上げ時にヒントをいただいた書籍〕

- 「本当は教えたくないフランチャイズ本部成功50の教え」民谷昌弘著（出版文化社）
- 「誰も教えてくれないフランチャイズ本部の立上げ方」大野勝彦著（ぱる出版）
- 「一気に業界No.１になる！『新・家元制度』顧客獲得の仕組み」前田出著（ダイヤモンド社）

〔マンガ編〕

・「風雲商人爆才伝　売王（バイキング）」梶研吾氏・土山しげる著（日本文芸社）

商売の基本とも言われる『三方よし』と近江商人の商売訓をわかりやすく書かれた1冊。

・「帝王（全8巻）」倉科遼・関口太郎著（小学館）

・「100兆の男」佐藤良治著（新潮社）（大人向けの隠れた名作だと思っています。）

・「マネーの拳（KEN）全12巻」三田紀房著（小学館）

商売の基本的な考え等を学べ、さらに創業から上場迄を解り易く表現されたどの商売でもおすすめできる1冊だと思います。

本書を書かせていただいた内容などで特に御紹介したい本だけを紹介させていただきました。

地方の一塗装屋がなぜ出版させていただけたのか

業界では異質なスタイルで活動しているとはいえ、首都圏でも大都市圏でもない地方の一塗装会社でなぜ出版させて頂いただけたのか疑問に思う方もいらっしゃるかもしれません。自分でも執筆させていただいている今も、現実味がないのが本音です。

しかし、実際に原稿の訂正等の打合せ等させていただくたび現実味と執筆チャンスをもらったことに対しての感謝の気持ちが増えて来ました。

まず、㈱セルバ出版との御縁をつくっていただいた㈱MOGBIの藤田プロデューサー、さらには藤田プロデューサーを紹介いただいた㈱Ｓｅｔｔｅｎ社長の三反田氏、その三反田氏との出会いをくれた幼馴染でプルデンシャル生命の橋口氏、幼馴染との学生時代を送らせてくれた地域、おろさずに産む決心をして育ててくれた両親…。

そして今も力を貸してくれている役員やスタッフ、協力企業様、塗装1本で塗装に関連しない他のリフォーム等は一切行わない頑固な塗装屋をご愛顧頂いているお客様、また数々の困難や立ちはだかった壁、その壁を乗り超えるヒントや勇気をくれた数多くの著書。

これらの出会いや御縁、経験が1つでもかけていたら今と出版させていただくことはなかったかもしれません。

また、

・「困難を困難と嘆くか、困難を経験や糧にし、自分のネタに活かせるかは自分次第！」

・「すべての出来事や結果は、自分の行動の積み重ねや選択が繋がっている。さらにその繋がりは子供たちにまで繋がることも多い。だからせめて人様から後ろ指刺されるようなことだけはするな！」

・「自分の限界を決めるのは自分、自分の可能性を勝手に低く設定するな」

数多くの心に刻んでいただいた言霊、そして本書を最後までお読みいただいている貴方様に感謝を込めて本当に本当にありがとうございます。

吉松　良平

【読者様感謝特典】

❶読者様限定特典Ⅰ〔セミナー、講演等の優先招待〕

今後、全国展開の本格化に伴いチャンスをいただけるのであればセミナーや講演等も積極的にうけさせていただく予定でおります。

読者様で御希望があれば、開催決定時に優先で特典付きの御案内させていただきます。

ご希望の方は、

①お手元の本書の写真、②住まわれている都道府県と市町村、③よろしければ本の感想（公開の可否）、を専用メール **ts.kasegugizyutu@gmail.com** へお願いします。

❷読者様限定特典Ⅱ〔公開ノウハウの原本データー1点（取扱説明付）プレゼント〕

本書で公開させていただいたノウハウのデータープレゼントの特典Ⅱご希望の方は、

①本書1冊とご自身が投稿したＡｍａｚｏｎレビューを一緒に撮影した写真、②住まわれている都道府県と市町村、③本の感想（公開の可否）、④受取希望の公開ノウハウデーター1点を専用メール **ts.kasegugizyutu@gmail.com** へお願いします。

❸読者様限定特典Ⅲ〔公開ノウハウの原本データー3点（取扱説明付）プレゼント〕

よく経営の相談に来られる知人には、自分なりのアドバイスは勿論ですが、その方に役立ちそうな書籍を案内したりプレゼントとしたりもさせていただきます。

そこで、本書が少しでも役にたつと思われるお知り合いにプレゼントをしていただだけないでしょうか。

本書の執筆中にも知人の会社社長が自殺されました、もしかしたら、別の道があったかもしれません。差支えなければ御協力お願いいたします。

本書で公開させていただいたノウハウのデーターープレゼントの特典Ⅲご希望の方は、①本書3冊一緒に撮影したお手元の写真、②住まわれている都道府県と市町村、③よろしければ本の感想（公開の可否）、④受取希望の公開ノウハウデーター3点を専用メール ts.kasegugizyutu@gmail.com へお願いします。

貴方様の心に少しでも刻まれる本でありますように願いを込めて

著者略歴

吉松　良平（よしまつ　りょうへい）

株式会社ＴＳグループ代表取締役
一般社団法人伝統職人気質継承協会代表理事
1981年1月生まれ鹿児島県出身
陸上自衛隊勤務（後期教育隊最優秀隊員賞受賞）を経て建設業界へ飛び込む。
2004年23歳で独立し【営業マン不要！ 飛込み営業無し！ 見積書も郵送】という業界で異質なスタイルの『直売の塗装屋 東翔』で元請け比率99%。
2013年には鹿児島市主催のニュービジネスプランコンテストで大賞受賞。
実践済みノウハウを駆使し、塗装職人向け直売支援ＦＣ『塗職®』で全国展開目指して展開中。
異質なスタイルが話題を呼び、地元新聞等でも取り上げられ講演等も行う塗装屋さん。

稼ぐ技術！ーなぜ、儲からないと言われる仕事ほど儲かるのか
2017年4月21日 初版発行　　2017年5月8日 第2刷発行

著　者　吉松　良平　
発行人　森　　忠順
発行所　株式会社 セルバ出版
〒113-0034
東京都文京区湯島1丁目12番6号 高関ビル5B
☎03（5812）1178　　FAX 03（5812）1188
http://www.seluba.co.jp/
発　売　株式会社 創英社／三省堂書店
〒101-0051
東京都千代田区神田神保町1丁目1番地
☎03（3291）2295　　FAX 03（3292）7687

印刷・製本　モリモト印刷株式会社

Printed in JAPAN
ISBN978-4-86367-332-8